KB102158

컬러 심리

COLOR PSYCHOLOGY

컬러 심리

내가 가진 컬러, 내가 끌린 컬러

이숙경 지음

좋은땅

아래의 QR 코드를 통해 당신의 탄생 컬러를 알아보세요.

〈저작권 등록 제C-2023-016188호〉

1. 카메라 앵글에 맞추면 나타나는 주소를 클릭하세요.

2. 생년월일은 양력으로 입력하세요.

(음력이신 분들은 검색 엔진에서 양력으로 변환해서 사용하시면 됩니다.)

3. 결과로 나오는 6개의 컬러 중 맨 아래 두 개의 컬러가 주 컬러입니다.

(결과에 대한 설명은 책을 읽으면서 확인하세요.)

아래의 QR 코드를 통해 당신이 현재 많이 사용하고 있는 컬러를 알아보세요.

(문진표-60문항)

결과표는 당신이 가장 많이 사용하고 있는 컬러 순서대로 나와 있습니다.

탄생 컬러와 많이 다르다면 당신은 타고난 컬러대로 살고 있지 못한 겁니다.

· 차례 ·

1장   탄생 컬러

2장 테라피 컬러

"선생님, 우리 애는 초등학교 때는 안 그랬는데 지금 왜 저러는지 이해가 안 됩니다. 아무리 사춘기라지만 정말 제가 어떻게 해야 할지 모르겠어요. 형은 공부도 잘하고 제가 하는 말도 잘 따르며 사춘기라고 해도 무난하게 지나가며 정말 괜찮았는데 쟤는 도무지 제 말도 들으려 하지 않고 계속 밖으로만 돌려고 하고 너무 힘들어요. 그렇다고 우리 부모가 크게 강요하거나 힘들게 하는 것도 없는 것 같거든요. 일시적이겠죠? 계속 그러지는 않겠죠? 공부에 영 뜻을 보이지 않아요. 공부 머리가 없지는 않거든요, 형처럼 초등 때는 곧잘 했어요. 언제쯤 제자리로 돌아올까요? 우리 아이한테 저는 어떻게 하면 좋을까요?"

어느 학부모님의 속상한 마음을 저와의 상담에서 꺼내 놓은 이야기입니다. 저는 성악을 전공하여 음악 교사로 처음 교단에 선 후 매너리즘에 빠질 때쯤 운명처럼 진로 진학 상담교사로 전과를 하게 되었습니다. 매일같이 학생들의 꿈과 진로에 대해 같이 고민하였으며, 더불어 나의 남은 인생 진로에 대해서도 생각해 보는 시간을 가지게 되었습니다. 이때가 내 인생의 터닝 포인트라 생각됩니다. 지금은 운명이라 여기는 그때의 선택은 스스로의 결정이 아니라, 바람이 부는 대로 물결이 치는 대로 힘없이 선택된 길이다 보니 애꿎은 하늘을 원망하며 속상한 마음을 많이 가졌었습니다. 그러나 지금 지나온 길을 돌아보면, 어떤 길을 가게 되든지 가게 되는 그 길은 운명의 길이라는 생각이 듭니다.

100세 인생의 반을 넘어서게 된 지금, 퇴임 후 제2의 인생 동반자로 무엇을 선택해야 할지 많이 고민했고, 어떤 일이 나에게 맞을지 몰라서 다양한 영역을 배우고 익혀 가며 보내던 중 컬러 테라피에 대한 입문은 신세계였습니다. 그러나 잘 이해되지 않는 부분에 부딪힐 때마다 그것을 넘어서기 위해 영역을 넓혀 가며 더 많은 공부를 할 수밖에 없었습니다. 심리 분석, 색채 심리, 퍼스널 컬러, 조향, 점성학, 타로, 오라 컬러 에너지, 꽃 테라피 등 컬러 테라피와 연관된다 싶은 건 다 공부를 했습니다. 그랬더니 컬러에 대한 체계가 잡히면서 앞으로 걸어가야 할 방향이 보이기 시작했습니다.

이 책은 제가 컬러를 이해한 순서로 여러분도 이해할 수 있도록 구성했습니다. 마지막 장을 덮는 순간 컬러의 위대함을 모두 알 수 있기를 바랍니다. 학부모님의 고민으로 말머리를 열었는데, 그 고민은 저에게도 고민이었고 지금도, 앞으로도 여러 학부모님의 고민일 것입니다. 컬러와 더불어 제가 가야 할 길의 방향은 이런 고민 있는 학부모님들께 제가 느낀 마음의 안정을 똑같이 찾아주고 싶어서입니다. 왜냐하면 제가 이 공부를 했을 당시 저 역시 자식에 대한 고민이 있을 때라 우리 아이가 왜 그러는지 몰라 항상 속상하고 불안했었는데 컬러 진단과 컬러 심리상담 활동을 통해 쉽게 이해할 수 있었고 안정을 얻을 수 있었습니다. 그리고 내 아이를 내가 원하는 컬러로 키우는 게 아니라 오롯이 그 아이가 가지고 있는 컬러로 키우고자 노력하게 되었습니다. 그렇게 컬러는 저에게 찾아온 축복이었습니다. 또한 우리 아이들에게도 마찬가지였지 않았을까 생각합니다. 그리고 저는 결심을 했습니다. 내가 경험한 이 거부할 수 없는 컬러의 힘을 또 다른 부모님들에게도 알리고 조금이라도 마음을 편하게 해 드리는 일에 나머지 인생을 걸어 보기로 말입니다.

주위에는 컬러 테라피스트 분들이 많습니다. 컬러 심리상담으로 뛰어나신 분들이죠. 저는 이런 컬러 테라피스트와는 조금 다른 역할을 하고자 합니다. 크게 보면 다양한 컬러의 효능과 에너지를 안내하는 컬러 라이프 가이드의 역할이고 그 안에 속하는 테라피 영역으로 컬러와 향기의 감정 언어를 통해 치유하는 색채 심리 조향사입니다.

새롭게 열어 갈 저만의 컬러 라이프 가이드에 대해 좀 더 정확히 말씀드리면 컬러의 다양한 에너지를 알리고 어떤 상황에서, 어떠한 방법으로 취하여 우리가 행복해지고 평화로워질 수 있는지를 고민하게 하고 가장 좋은 방법을 안내해 드리는 역할을 하는 사람입니다. 이것이 곧 제가 책을 쓰게 된 이유라고 할 수 있습니다. '향기로운 컬러 안에서 행복 찾기'의 길에 여러분을 초대하고 싶습니다.

컬러는 빛이고 그의 효능은 과학입니다. 이것에 대한 근거는 차차 본문에서 풀어 드리겠습니다. 우리는 빛으로부터 왔습니다. 그 빛이 내 몸에서 반짝이는 빛을 내며 일생을 살아갑니다. 마침내 그 빛이 다하여 사라지는 순간 우리는 다시 자연으로 돌아갑니다. 빛은 보이지 않는 것에서부터 볼 수 있는 가시광선인 컬러까지 우리에게 엄청난 에너지를 주고 있습니다. 살아가는 동안 이 컬러 에너지들을 잘 활용하시고 모두 자신이 가지고 태어난 컬러로 빛날 수 있는 여러분이 되시기를 응원하며 글을 시작하겠습니다.

1장

**탄생
컬러**

빛으로 태어나다

　TV 속 역사 드라마를 보다 보면 큰 인물이 태어날 때 북두칠성이 일직선이 되면서 그 빛이 하나로 모여 생명을 잉태한 여인의 배 속으로 순식간에 내려오는 상황이 연출된 것을 보았을 것이다. 우리는 그것을 보면서 "말도 안 돼."라며 지어낸 이야기로 그냥 피식 웃고 넘겨 버리지만 과장된 표현이 9할이 넘는 그 이야기도 천문학 또는 점성학에 뿌리를 두고 있다. 고대 그 이전부터 하늘을 숭배하며 별들의 움직임에 의해 일어나는 세상의 변화와 인간 생사를 연구하며 기록해 왔다. 하늘의 이치를 아는 자가 세상을 지배할 수 있다고 생각했고 이는 곧 천문과 점성이 혼합된 학문으로 초기 연구에 뒷받침되어 왔다. 그러나 과학이 점점 발달하자 천문 연구 학자들은 점성학 영역을 온전히 증명해 내기 어려워 비현실적이라고 치부하며 천문학과 분리를 시키고 비과학적인 분야인 점성술로 전락시켜 버린다. 그러나 나는 인간이 탄생할 때 저마다 가지고 태어나는 컬러가 있고 그 컬러는 태양의 빛과 우주의 진동 에너지를 받아서 각자의 성향이 정해진다는 것을 과학적 영역 안에서 설명하고자 한다. 물론 그 안에는 더 전문적이고 복잡한 영역과 학문들이 연결되어 있으나 굳이 몰라도 되는 이야기들은 생략하겠다.

우리는 햇빛을 눈으로 볼 수 있는가? 볼 수 없을 것이다. 그러나 그 빛을 간접으로 볼 수 있는 방법이 있다. 학창 시절 빛의 굴절 및 분산 실험을 위해 사용했던 프리즘이라는 유리 다면체 물건을 기억할 것이다. 그 프리즘을 통해 보면 빛은 빨, 주, 노, 초, 파, 남, 보의 무지개 컬러로 보인다. 이 말은 곧 '컬러는 빛이다.'라는 말이다. 그래서 우리가 눈으로 보고 있는 이 세상은 지금 온갖 색들로 둥둥 떠다니고 있는 것이다. 단지 눈에 보이지 않을 뿐. 그러나 눈에 보이는 빛이 있다.

우리가 사용하는 알록달록한 모든 물건들에는 색이 있다. 그렇다면 물건들에게서 보이는 이 색은 빛일까? 그냥 만들어 낸 하나의 허상일까? 모든 물질은 스스로 색을 뿜어내는 것이 아니다. 빨간색 토마토로 예를 들어 보겠다. 빨간색 토마토는 스스로 빨간색을 뿜어내는 것이 아니라 빛을 받았을 때 다른 모든 색은 흡수하고, 흡수되지 못한 빛이 튕겨 나오는 것을 보고 우리는 빨간색으로 인지하는 것이다. 이렇듯 우리가 보는 컬러는 자체적으로 가지고 있는 색을 보는 것이 아니라 튕겨져 나온 빛을 보는 것이라 하겠다. 즉 우리 뇌는 눈이라는 렌즈로 들어오는 빛을 해석하고 그 결과를 컬러로 표현하는 것이다.

참고

빛이란 시각 신경을 자극하여 물체를 볼 수 있게 하는 일종의 전자기파 & 물체가 광선을 흡수 또는 반사하여 나타내는 빛깔이다.

사람은 태어날 때 저마다의 다른 컬러를 가지고 태어난다. 좀 더 명확히 말하자면 모든 컬러를 가지고 태어나나 좀 더 강하게 드러나는 특성의

컬러가 있다는 말이다. 가령 탄생 컬러가 빨간색일 경우 설마 몸 안에 빨간색 빛으로 채워서 태어나는 것이겠는가? 그건 아니다. 빨간색이 가지고 있는 주파수(진동수)에 일어날 수 있는 감정이나 취하는 행동 등의 특징을 가지고 태어난다는 것이다. 주파수와 그에 대한 과학적 근거는 테라피에 대한 얘기를 하는 다음 영역에서 좀 더 자세히 설명하고 지금은 간단하게만 언급하겠다.

> **참고**
>
> 진동수는 물체가 단위 시간 동안 진동하는 횟수를 의미하며 다른 말로 주파수라고도 한다.

과학적 접근을 위해 좀 더 학창 시절의 기억을 더듬어 보겠다. 태양에서 쏟아지는 빛과 우주의 모든 행성, 지구의 작은 세포 단위까지도 진동한다. 같은 주파수를 가진 것들끼리는 같이 진동하게 되는데 이를 공명(共鳴)이라고 한다. 쉬운 예를 들어 내가 친구에게 휴대폰으로 번호를 눌러서 주파수를 쏘면 공중에 떠다니던 많은 주파수 중 그 번호의 주파수가 공명이 되어 그 친구가 전화를 받게 되는 원리다. 공명은 혼자 진동할 때보다 같이 진동할 때 더 큰 에너지를 만들게 된다. 한 사람이 태어나는 그 시간에 우주의 행성과 별들은 그들의 위치에서 계속 진동을 하고 있을 것이고 태아가 가지고 있는 유전적, 신체적 세포의 특징과 진동수와 일치하는 주파수와 공명을 하게 된다. 따라서 우리가 태어날 때 그 주위를 둘러싼 강한 주파수의 에너지로 인해 증폭된 큰 에너지나 작은 에너지들로 자신만의 에너지가 만들어지는 것이다. 그 에너지를 우리는 탄생 컬러라고

컬러 심리

표현한다. 따라서 '기르는 위대한 과학의 등에 업힌 에너지'라고 표현하고 싶다.

┌─ **참고** ───
│ 공명이란 외부에서 주기적으로 가하여지는 힘의 진동수가 고유의 진동수에
│ 가까울 때 진폭이 급격하게 늘어나면서 같이 진동하는 현상이다.
└───

태아가 세상에 만들어져서 가장 먼저 노출되는 환경이 핑크 벽으로 둘러싸인 자궁이다. 핑크는 사랑을 대표하는 컬러로 어머니의 사랑을 나타내기도 한다. 핑크의 주파수가 사랑과 보호의 에너지를 만들어 낸다. 아기가 가장 많이 만족을 느끼는 곳 엄마의 젖가슴도 핑크이고 태어난 아기의 살갗도 핑크로부터 시작된다. 이렇게 우리는 잉태의 순간부터 핑크와 같이 안전하게 있다가 자궁으로부터 세상 밖으로 나온다. 이 순간을 심리학에서는 인간이 처음 겪게 되는 트라우마로 본다고 한다. 그래서 어쩌면 우리는 평생 핑크를 찾아 헤매게 된 것인지도 모른다.

우리 집의 아이들은 혹시 타고난 자기의 컬러대로 잘 살고 있을까? 얼마 전 어느 블로그에서 자신의 아이가 색칠한 낙서 그림을 올려놓고 "언제까지 이런 의미 없는 낙서를 봐야 할까요? 똑바로 선 긋기는 언제부터 할 수 있을까요?"라는 말을 하는 것을 보았다. 여기서 낙서를 하게 되는 어린 시절의 아이들부터 이들은 자신만의 컬러로 자기 마음속 무의식의 세계를 드러낸다. 자기가 좋아하는 크레파스로 낙서할 때, 자기가 좋아하는 옷을 고를 때, 자기 방의 인테리어 색에 좋아할 때, 아니면 마음에

들지 않는 컬러로 인테리어 되어 있는 방에 들어가기 싫어할 때 이렇게 말을 하기 전부터 본인의 컬러와 마음을 드러내고 있다. 우리 아이들이 선 긋기를 똑바로 잘하는 것도 중요하겠지만 어떤 컬러로 어떤 마음을 표현하고 있는지를 알아봐 주는 게 더 중요하겠다. 부모들이 이런 컬러 심리를 잘 알고 아이들의 마음을 읽어 줄 수 있다면 우리 아이들은 행복하게 자랄 수 있을 것이다. 지금 부모님이 된 당신은 아이의 고유 컬러를 무시한 채 자신이 좋아하는 컬러로 억지로 아이에게 강요하고 있지는 않은지, 자기와 맞지 않은 옷을 억지로 입히고 있지는 않는지 이제는 돌아봐야 하겠다.

탄생 컬러는 모두 13가지로 레드(빨강), 코랄(다홍), 오렌지(주황), 골드(골드), 옐로(노랑), 올리브(연두), 그린(초록), 터콰이즈(청록), 블루(파랑), 로열 블루(남색), 바이올렛(보라), 마젠타(자주)와 절대 빠질 수 없는 핑크(분홍)이다. 컬러명으로만 존재하는 다음의 컬러도 있다. 라일락(블루 계열의 보라색), 쿠퍼(레드의 강화 버전), 클리어(모든 컬러를 포함), 로즈 핑크(레드 경향의 핑크색)는 성향을 따로 구분하지는 않고 이름만 쓴다. 해석은 괄호 안의 내용으로 보면 된다.

이제 각 컬러의 특성을 살펴보기로 하겠다. 그에 앞서 탄생 컬러 해석을 할 때 미리 염두에 두어야 하는 것이 있다. 13가지 컬러 중 태어날 때 가지고 나오는 특징적 컬러는 모두 6가지다. 모두 6가지 다른 색으로 타고날 수도 있고 한 가지 색만 많이 가지고 태어난 사람도 있다. 컬러는 각자 모두 다른 에너지(주파수)를 가지고 있다. 그러나 때론 특정 컬러들과 조화를 이룰 때 어느 에너지가 더 강하게 드러난다거나 서로 방해가 된다든가 또 다른 에너지의 성향을 나타나게 할 수도 있다. 또한 2차 색은 1차 색을, 3차 색은 2차 색을 포함하고 있음도 같이 알아야 한다. 그 말은 2차 색의 성격을 가지고 있지만 그 안에 1차 색의 성향도 가지고 있다는 말이다. 예를 들어 그린색을 가지고 태어났다면 그린 = 옐로 + 블루이므로 옐로와 블루의 성격도 같이 가지고 있다는 말이다. 그러나 그린의 성향을 대표적으로 띄게 된다.

참고

* 1차 색이란 다른 어떤 색도 섞이지 않은 원색으로 레드, 옐로, 블루가 있다.
* 2차 색이란 1차 색과 1차 색을 섞어서 나오는 색으로 바이올렛 = 레드 + 블루, 그린 = 블루 + 옐로, 오렌지 = 옐로 + 레드이다.
* 3차 색이란 1차 색과 2차 색을 섞어서 나오는 색으로 아래와 같이 구성된다.
  - 터콰이즈 = 블루 + 그린(블루 + 옐로)
  - 올리브 = 옐로 + 그린(블루 + 옐로)
  - 골드 = 옐로 + 오렌지(옐로 + 레드)
  - 코랄 = 레드 + 오렌지(옐로 + 레드)
  - 마젠타 = 레드 + 바이올렛(레드 + 블루)
  - 로열 블루 = 블루 + 바이올렛(레드 + 블루)

또한 자라 온 환경에 따라 실제 주로 사용하고 있는 컬러가 완전히 다른 컬러일 수도 있다. 사용 컬러는 부록에 나와 있는 문진표를 참고하면 좋겠다. 또는 잠재되어 있던 컬러를 현재 더 많이 사용하고 있을 수도 있다. 잠재된 컬러란 사람이 빛으로 왔기에 예를 들어 보색 관계인 레드와 그린 두 빛을 합하면 화이트 라이트(클리어 빛)가 되므로 본인이 레드를

타고났더라도 숨어 있는 그린 컬러를 끄집어내어 사용할 수 있다는 말이다. 컬러에는 좋은 컬러, 나쁜 컬러가 없다. 모두 장점과 단점을 가지고 있어서 어떻게 사용하느냐에 달려 있다. 다음의 13가지 컬러는 일반적인 특징이므로 좀 더 궁금한 점이 있을 경우나 그래도 이해가 잘되지 않을 경우는 따로 상담을 받기를 추천한다.

탄생 컬러별 성향

레드
몸이 먼저 움직이다

코로나19가 한창인 어느 해 지방에서 연수를 받기 위해 서울로 기차를 타고 가고 있었다. 모두 마스크를 하고 차 안에서는 대화도 할 수 없는 아주 조용한 상황이었다. 이때 정적을 깨는 알람 음악이 다소 신경을 곤두세울 만큼 계속 울렸다. 모든 사람이 소리가 나는 쪽으로 고개를 돌려 가며 다소 짜증스러운 표정을 짓고 있었다. 돌아보니 어떤 아가씨가 피곤했는지 잠에 빠져 고개를 가슴까지 푹 박은 채 전혀 소리를 듣지 못하고 있었다. 알람은 생각보다 오랫동안 울렸다. 나는 일어나서 그녀에게 갔다. 살짝 미안한 마음을 가지며 흔들어 깨웠다.

"알람이 너무 오랫동안 시끄럽게 울려서요…."

그녀는 미안하다는 말없이 그냥 알람을 껐다. 나는 자리로 돌아와서 생각해 보았다. 모두 기분 나쁜 얼굴이었는데 아무도 가서 얘기하지 않고 많은 사람 중에 왜 내가 벌떡 일어나서 얘기하러 갔을까? 그렇다. 나는 레드 컬러를 가지고 있기 때문이다. 레드는 솔직하며 용감하고 거침없이 움직이는 에너지를 가지고 있다.

학교에서 학생들을 가르칠 때 보면 유독 시끄러운 반이 있다. 옆에 친구와 계속 말을 해야 하거나 가만히 앉아서 해야 하는 작업에도 엉덩이를 들썩거리며 차분하지 못하거나 실수로 친구와 부딪쳐도 용서하지 못하고 화부터 내며 싸우려 드는 공격성을 드러내는 것들이 모두 레드의 에너지를 가지고 있기 때문이다. 이러한 레드 성향이 한 반에 많이 모여 있을 경우 그 반 수업은 다소 힘들다. 그러나 선생님들은 이러한 반이 예체능 시간이나 활발한 활동 수업에서는 오히려 대답도 잘하지 않는 조용한 반보나 수업하기 재밌다고도 한다.

레드는 성격이 급하다. 어떤 모임에 리더가 레드일 경우 말과 행동이 빠르기 때문에 남들이 깊게 생각해서 결정하려고 시간을 끌고 있을 때도 기다리지 못하고 알아서 결정해 버리고 통보하듯이 얘기하며 남들도 자기를 따라 주기를 바란다. 이럴 때 남들은 '저 사람 뭔데?'라는 생각을 하며 비난을 하게 된다. 특히 행동이 느린 블루에게 일을 시키면 차분히 다 할 때까지 기다리기 힘들어한다. 회의 시간에도 주제를 벗어난 말을 계속하게 되면 여유롭게 기다려 주지 못한다. "그래서 결론이 뭡니까?" 하며 중간에 말을 자르고 재촉하며 스트레스를 줄 수 있다. 집에서 주로 성격 급한 엄마나 아빠의 모습을 떠올려 보면 되겠다.

레드의 자녀를 두었을 경우 부모는 잘못에 대한 잔소리는 최대한 짧고 굵게 해야 한다. 잔소리가 길어지면 레드는 계속 듣지 못하고 뛰쳐나가거나 오히려 큰소리치며 "어쩌라고."의 반응이 나오게 된다. 이 같은 상

컬러 심리

황은 부부관계에도 적용된다. 레드 남편에게 아내의 잔소리가 길어질 경우, 또는 그 반대의 경우일 때는 오히려 더 과격한 결과가 일어날 수 있으므로 조심해야 할 것이다. 그러나 이러한 '욱' 하는 상황이 지나서 관계를 회복하려 할 때 사과를 먼저 할 수 있는 용기를 가진 것도 이 레드이다. 세상이 위험에 처해지는 상황이 온다면 돕기 위해 가장 먼저 몸을 움직이는 컬러로 어쩌면 제일 먼저 필요한 컬러라 할 수 있겠다.

부지런하고 목표 지향적이며 불의를 보면 참지 못하는 등의 성향에게 좋은 직업은 경찰, 군인, 소방관 등의 국가 공무원이나 외과 의사가 있으며 신체를 직접 움직여야 하는 분야에는 건축업, 제조업, 물류업, 각종 기술자, 스포츠 분야와 자동차 관련업 등을 들 수 있겠다.

컬러로 직업을 추천하는 것은 한 가지 컬러만 가지고 있는 것이 아니므로 딱 맞아떨어지기는 쉽지 않다. 상담을 요하는 부분이다. 학생들에게 진로에 관해 안내할 때 잘하는 일, 좋아하는 일, 가치관에 맞는 일, 성격에 맞는 일, 어떤 것에 맞게 하는 것이 가장 좋은가에 대한 고민을 얘기하는데, 현재 여러 가지 진로심리검사 결과로도 중학생들은 몇 명의 학생들을 제외하고는 뚜렷하게 자기의 생각을 정립한 아이들은 드물며 검사에 대한 결과를 완전히 이해하고 받아들이는 것을 어려워한다. 어쩌면 탄생 컬러는 다양한 결과를 하나의 결과로 나타내어 바로 이해할 수 있도록 해 놓은 가장 쉬운 영역이 아닐까 생각한다. 컬러로 성향 찾기 수업을 해 보았다. 재미있어 했다. 이것만으로도 반은 성공한 듯하다.

주위에서 성향에 맞지 않아서 직장을 끝내 마무리하지 못하고 사표를 내게 되는 결과를 가끔 접하게 된다. 그나마 용기를 장착한 레드 컬러가 행동을 한 것일 수 있다. 그렇지 못한 많은 컬러들은 자신과 맞지 않는 일을 평생하고 있을지 모른다. 우리는 자신의 탄생 컬러를 알고 앞으로 해야 할 일과도 연계시켜 본인의 컬러가 빛을 낼 수 있으면 좋겠다.

레드 성향 특징 한눈에 보기

+ 가장 낮은 진동수
+ 타고난 리더
+ 진취적, 도전적, 열정적, 목표 지향적
+ 불의를 보면 참지 못하는 성격
+ 즉흥적, 솔직함, 생존력, 장애 극복력, 직선적
+ 승부욕, 정력적, 공격성, 성취하는 힘, 부지런함
+ 거침없는 자기 생각 표현, 카리스마, 자신감, 용감함
+ 비난이나 비판적, 독립적
+ 타인에 대한 공감 능력 부족
+ '욱' 하고 올라오는 화, 공격성

우리 아이가 레드 성향이라면 이렇게 해 주자

아이들은 활발하게 뛰어놀고 움직이는 데 에너지를 많이 사용하므로 '하지 마'라는 금지어보다는 '이렇게 해 보자.'라는 긍정적 단어로 건강하게 에너지를 발산할 수 있게 도와주는 것이 좋다.

경험하는 모든 활동에 에너지를 다 쏟아붓게 할 수는 없다. 다양한 활동적 호기심으로 충분히 탐구할 수 있는 환경을 만들어 주되 부모는 어느 때 어느 정도의 활동에 만족스러워하는지 등을 알아

놓고 다음 체험 활동 때 세한힐 활동을 계획하여 에너지를 조절한 수 있게 하자.

● 성격이 급하므로 오랫동안 훈육을 듣지 못한다. 간결하고 명료하게 하자. 부모의 관점에서 너무 많은 설명은 오히려 독이 된다. 아이가 화를 참지 못하고 막무가내로 표현할 때는 논리적으로 설명하고 표현하는 방법을 알게 하자.

● 자칫 속상한 감정을 이해해 주면서 잘못한 상황까지도 수용하게 되지 않도록 경계를 분명히 해야 한다.

● 레드 에너지가 부족할 경우 무기력하거나 움직이지 않으려는 모습을 보일 수 있다. 그럴 땐 레드 에너지를 보충해 주자.

옐로
잘하고 싶은 두려움과 걱정

수업을 하다 보면 '이 학생이 이 반에 있었나.'라는 생각이 들 만큼 존재감 없이 조용히 있는 애들이 있는 반면에 '이 구역에서는 나지'라는 인식을 확실히 심어 주는 애들이 있다. 꼭 시끄럽게 떠들어서가 아니라 어디가도 '얘'라는 인식 있는 애들이 바로 옐로다. 존재감이 드러나야 하고 주목받고 싶어 한다. 반면에 잘해야 한다는 두려움도 크다.

학교에서 영어 발표 평가를 위해 집에서 문장을 달달 외우며 목소리도 우렁차게 열심히 연습을 한다. 점수를 잘 받을 것 같은 예감이 든다. 그러나 막상 시험 시간이 다가오면서부터 긴장되기 시작하고 심지어 머릿속이 하얘지면서 완벽히 외운 부분도 생각나지 않는 일이 일어난다. 선생님 앞에 서서 암기를 해야 하는데 첫 부분은 입으로 중얼중얼하면서 나갔기 때문에 시작은 했는데 그다음부터 생각이 나지 않는다. 한 번 어긋나니까 계속 걸린다. 망했다. 끝났는데 눈물이 난다. 이것이 한 번뿐이었으면 했는데 다음 시험도 또 이런다. 왜 그럴까? 옐로의 잘해야 한다는 두려움이 긴장과 스트레스로 오기 때문이다. '실수해도 괜찮아.'라는 생각이 들지 않는다. 완벽한 모습만을 보이고 싶어 한다.

이런 경우를 보니 예전 대학 때 성악 연주회 하던 내가 생각난다. 옐로를 가지고 있는 나는 연습 때 충분히 잘해 내던 모습을 무대에서도 멋들어지게 보이고 싶은 마음이 컸다. 그러나 막상 무대에 올라가기 전부터 입이 마르고 심장이 오그라들 정도로 긴장감도 컸다. 릴랙스히고 시작해야 하는 성악 연주임에도 몸에 한껏 힘이 들어가게 되고 잘해 오던 내 모습을 온전히 보이지 못한 것 같아 항상 아쉬웠다. 당당하게 하는 친구들의 모습이 너무 부러웠다. 그때는 몰랐다. 나의 옐로가 이런 모습을 보이게 한다는 것을, 그래서 계속하다 보면 극복될 것이라 생각하며 노력해 보았다. 그러나 나아지지 않았다. 옐로색이 나에게 있는 이상, 계속 겪을 수밖에 없다. 이럴 경우는 옐로의 그림자 면을 알고 극복할 수 있는 자기만의 방안을 강구하는 게 맞다.

옐로 에너지는 밝고 명랑하고 웃음이 많고 낙관적이다. 남들에게 잘한다고 인정받고 칭찬받고 싶어 하는 마음이 크고 감정이 예민하여 큰일을 앞두고 소화가 잘 안 된다. 학교에서 시험 치기 전 꼭 화장실에 가야 하는 아이들이나, 회사에서는 프로젝트를 책임지고 있다면 끝날 때까지 아마 편안하게 음식을 못 먹는 경우가 그러하겠다. 또한 미래를 계획하고, 준비하는 에너지가 있어서 끊임없이 자기평가를 하며 더 나은 사람과의 비교로 스스로를 초라하게 만드는 경우가 많다. 열심히 해서 1등을 해도 다른 반의 1등과 비교하고, 전교 1등을 해도 다른 학교 1등과 비교를 하게 된다. 스스로에게는 잔혹한 성향이지만 오히려 자기를 발전시키는 것에는 도움이 될 수도 있겠다. 때로는 너무 계산적이어서 부모 자식 간에도 빌리고 갚아야 하는 것을 정확하게 할 수 있으며 감정보다는 이성적, 합리적일 경우가 많다.

자기 일을 매우 중요하게 생각해서 개인적 업무에 많은 시간과 에너지를 들이며 어딜 가든 누구와 무슨 일을 하든 간에 눈에 띄고 주목받기 쉽다. 어디에 있든 빛나는 스타일로 그만큼 자신의 인생도 명확하고 분명하며 자기 자신을 제일 중요하게 생각한다. 권력을 추구하는 편으로 자칫 독재자적인 성향으로 비칠 수도 있다. 본인이 리드하고 싶어 하기 때문이다. 책임감이 강하고 명예를 중시하며 자존심이 세다. 또한 자신감이 넘치기 때문에 급수가 낮은 사람을 경멸하거나 자만해 보이기도 쉽다. 그러나 앞에서도 한 번 언급했듯이 자신감은 넘치고 돋보이고도 싶으나 실수에 대한 걱정이 많아 나서기를 때로는 주저하거나 두려움과 긴장을 안고 있을 수 있다.

수업 중에 유독 선생님에게 질문 잘하는 학생이 있다. 처음에는 꽤나 괜찮은 질문을 하여 친구들에게 선망의 존재가 되곤 한다. 그러나 질문에 질문이 꼬리를 물며 점점 궤도를 이탈하는 우주선같이 되는데 가만히 보면 상대방보다 우위를 점하고 싶은 묘한 기운이 느껴진다. 파워게임이 시작된 것이다. 다른 사람을 자신의 통제력 안에 두려고 하는 에너지다. 지적 호기심으로 탐구하고 배우며 자신을 성장시키기를 좋아하며 때로는 생각이 너무 많아 머리가 혼란할 경우가 많다. 굳이 하지 않아도 되는 걱정을 사서 하는 경우가 그렇다. 옐로는 흡수의 에너지가 있다. 지식, 음식, 감정 등의 에너지를 흡수하는데 어떤 것을 흡수할지는 개인에 따라 다르다. 지식을 흡수하고 싶다면 인간관계가 외로워야 한다. 친구가 많을 때는 지식 흡수가 어렵다. 감정 흡수에 에너지가 많이 쏠리니까. 공부를 열심히 하고 싶다면 때로는 친구 없이 외로움을 감당할 수 있어야 하겠다.

예민한 감정을 지닌 옐로에게 맞는 가장 좋은 직업들은 언론·방송과 연예계 관련업이 있으며 지적 호기심을 충족하기에 좋은 직업으로는 모든 교육 분야 및 전문 직종, 연구소, 각종 자격증을 사용하는 직업 등이 있다.

옐로 성향 특징 한눈에 보기

✦ 긍정적 자신감, 자기중심적, 존재감
✦ 예민한 신경과 감정
✦ 이성적, 지적, 객관적, 끊임없는 자기평가
✦ 계획적, 노력형
✦ 밝음, 천진난만, 어린아이 같은 즐거움, 행복, 기쁨
✦ 많은 생각으로 인한 혼란
✦ 유행을 찾아다니는 스타일
✦ 인정받고 칭찬받고 싶어함
✦ 뛰어난 비즈니스 감각

우리 아이가 옐로 성향이라면 이렇게 해 주자

● 지적 호기심을 충족하거나 깊은 사고의 대화나 토론을 즐거워하기 때문에 부모는 귀찮아하지 말고 같이 대응해 주어야 한다.

● 관심과 칭찬받는 것을 중요하게 생각하므로 부모는 자신이 표현하는 반응에 적절한 칭찬을 해 주어야 한다. 또한 칭찬은 '멋지네', '똑똑하네' 등의 표현 말고 생각과 행동의 사실에 근거한 구체적인 것이 좋다.

● 자존심이 굉장히 강한 컬러로 자신의 부족한 부분이나 미흡한 부

분이 드러나는 것을 극도로 싫어할 수 있으므로 마음을 다치지 않도록 항상 세심하게 배려해 주어야 한다.

자기중심적인 사고로 본인이 항상 최우선이 되어야 한다는 생각이 때로는 나머지 사람들을 급이 낮은 사람으로 취급해 쉽게 대하는 태도가 나올 수 있으니 타인을 배려하고 존중하는 마음을 가질 수 있도록 이끈다.

블루
'멍'을 때려야 얻는 에너지

꽤 많은 학생들이 수업을 듣고 있는 것 같지만 자기만의 '멍'의 세계에 빠져 있는 경우가 많다. 그것에 대한 이유로 수업에 대한 집중력이 부족하다거나 주의산만 등을 들곤 한다. 나는 게다가 블루가 가진 원래의 에너지인 '멍 때리기'도 숟가락을 얹는다고 본다. 블루는 애써 뭘 하지 않으며 조금만 뭘 해도 벌써 피곤해지는, 에너지가 많이 부족한 애들이다. 학교에서 그나마 열심히 노력하더라도 집에 가면 일단 쉬어야 한다. 쉬지 않고 다른 일을 먼저 해 놓고 쉰다는 것은 블루에게서는 있을 수 없는 일이다. 레드와 같은 공간에 있을 경우 레드는 블루를 보면 답답해 죽을 것이다. 느긋하게 움직이며 일에 있어서 손놀림도 빠르지 않다. 작업장에서도 레드가 다 해 놓고 쉬려고 하면 아직도 꾸물대며 마무리하지 못하는 것도 블루다. 에너지가 부족하므로 '멍'하게 있는 것은 에너지를 모으고 있는 과정이라고 보면 된다. 실컷 '멍'을 했을 때 비로소 '움직여 볼까.'하는 마음이 생긴다. 그러나 내가 해야 하는 일에 대한 책임감과 성실성, 신의를 가지고 있어 자신에게 엄격하며 양심적이며 겸손하다. 과시할 만한 자기 성과도 항상 부족하다고 생각해서 드러내는 것을 잘 못한다.

"김 선생님은 내가 설명한 의견에 대해 어떻게 생각해요?"

"……"

상사의 질문에 블루는 조용히 말없이 웃는다. "아니다."라는 말을 자신 있게 내뱉지 못한다. 차라리 조용히 웃으며 다른 주제로 대화를 돌리거나 아무 반응을 하지 않는다. 거짓으로 얼렁뚱땅 에두르는 말을 잘 하지 못하며 자신과 소통이 잘되지 않는 사람을 자주 겪다 보면 아예 스스로 침묵을 택하게 되거나 역으로 직설적인 진실을 얘기하여 관계에 악영향을 주기도 한다. 거짓말과 타협이 잘되지 않는 대쪽 같은 성향을 지녔다.

분석적 사고 형태로 옳거나 아니면 그르거나의 마음이다. 어정쩡한 마음 없이 명확한데 네 편, 내 편에서는 똑 부러지지 못한 내로남불의 성향을 나타내기도 한다. 어떤 사람을 판단할 때도 여러 가지 정황과 자료가 훌륭한 사람이라고들 해도 본인이 직접 보고 파악하고자 하며 그냥 딱 봐서 사람 좋게 보이면 다 좋게 보는 경향도 있다.

일에 있어서는 자기변호나 정당화에 뛰어난 재능이 있으며 다소 독단적이고 강한 신념이 있어 자기 뜻을 굽히지 않는다. 자신의 생각이 옳다고 믿으며 '나니까 이 정도 해내는 거야.'라는 자신의 존재를 신성시하는 경향이 있다. 남이 시켜서 하는 것은 절대 하지 않는데 조종당하고 있다고 생각하는 것을 못 견딘다.

우리 아이들 집에서 엄마가 심부름을 시키면 "응." 하고 바로 움직이지 않는 것을 보았을 것이다. 이때 엄마는 큰 소리를 내게 되어 있다. "지금 바로 하라고!" 이에 마지못해 하는 애들도 있고 오히려 큰 소리로 "좀 있다 한다고!"라고 하는 애들도 있다. 스스로 계획하는 것만 하기 때문에 이런 아이들에게는 "엄마가 이거 심부름시킬 건데 언제 해 줄 수 있니?"라고 물어야 한다. 그러면 책임감 있는 블루들은 스스로 정한 시간에 틀림없이 잘해 낼 것이다.

블루는 자신의 여린 속마음이 들킬세라 꽁꽁 닫아 버리고 자신만의 안전하고 평화로운 세상에서 살고 있는 모습을 보인다. 상처받기 싫어서 감정을 차단해 버리고 낯선 이들에게 경계를 풀지 않으며 속에 있는 말을 잘하지 않고 마음을 드러내지 않는다. 서로 신뢰가 쌓였다고 생각해서 타인에게 열어 보인 마음의 문이 무심코 내뱉는 상대방의 말 하나에도 쉽게 상처를 받고 전보다 훨씬 더 깊이 꽁꽁 숨어 버리는 결과를 내게 된다. 남에게 피해 주기 싫어하며 누군가에게 의지하지 않고 모든 걸 스스로 해결해 나가려 하지만 가끔은 누군가에게 의지하며 자신의 속마음을 털어놓는 것도 괜찮다는 걸 알아야 할 것이다.

일을 할 때 체계적이고 규칙을 중요시하는 블루에게 잘 맞는 직업들은 언론·방송 관련업과 마케팅 분야, 출판업계, 종교 관련업, 의료 분야, 법률 관련업, 정치인, 군인 등이다. 자신에게 맡겨진 역할을 중요하게 생각하며 책임감이 강하고 서로 간에 소통을 중요시하므로 관련 직업에 대해 고려하면 좋을 것이나 위의 군인 같은 직업은 사실 몸을 쓰는 일이기 때문에 레드를 같이 가지고 있는 경우면 더 좋겠다.

블루 성향 특징 한눈에 보기

♣ 강한 책임감, 이성적, 지적임
♣ 성실하며 신중함, 보수적, 권위적
♣ 애써 일부러 뭘 하지 않음, 게으름
♣ 소심, 내향적, 탐구적, 결정적일 때 차분함
♣ 스스로 계획한 일만 열심히 함
♣ 쿨 해 보이나 여린 속마음
♣ 앞에 잘 나서지 않지만 사교를 좋아함
♣ 남에게 피해 주기 싫어함
♣ 분석적 사고, 소통 중시

우리 아이가 블루 성향이라면 이렇게 해 주자

🙂 쉽게 내뱉는 부모의 말에 상처를 잘 받는다. 상처를 자주 받다 보면 아예 입을 닫아 버리거나 마음의 문까지 닫아 버리는 수가 있으므로 부모는 말을 할 때 마음을 다치지 않도록 조심히 한다.

🙂 아이가 과제를 할 때 시간에 쫓겨 완성도가 떨어지지 않도록 여유를 두고 지켜봐 줘야 한다. 여유롭지 않으면 불안감이 높아지고 제대로 못 했다는 데 대해 자존심이 상하게 되어 오히려 상대를 비난하거나 비판하게 된다. 특히 부모가 레드일 때는 더욱 힘들겠지만 느긋하게 기다려 주어야 한다. 블루는 책임감이 강하고 성실성을 가지고 있으므로 부모만 잘 참고 견뎌 주면 훌륭하게 성장할 수 있다.

🙂 본인이 계획한 일 외의 움직이기 위한 에너지가 매우 약하다. 따라서 부모는 스스로 계획하고 움직일 수 있도록 기다려 주어야 한다.

바이올렛
필연적 슬픔을 품은 아름다운 희생

삶을 살다 보면 어떤 누군가는 항상 뒷전에서 놀면서 손에 물을 묻히지 않고도 쉽게 잘 살아가는 사람이 있는가 하면 어떤 누군가는 항상 희생하며 편하게 있지 못하는 사람이 있다. 후자가 바로 바이올렛이다.

"김 선생님, 여기 ○○물품 좀 더 필요한데 가져다주시겠어요?"

"네. 제가 2층 가서 가져올게요."

시간이 제법 흘렀다.

"김 선생님이 왜 이렇게 안 오시지? 무슨 일이 생겼나? 지금 준비해야 하는데…."

김 선생님은 뭘 하고 있었을까? 어차피 물건만 가지고 오면 되니까 간 김에 좀 쉬고 있었던 것이다. 우리는 꼭 이런 경우가 아니더라도 주위에서 비슷한 경우의 사람들을 가끔 본다. 이에 반해 바이올렛은 봉사와 희생정신이 장착되어 있어 누가 시키지 않아도 남과 비교하지 않고 알아서 할 일을 찾아가며 하는 편이다.

"이거 다했는데, 또 다른 제가 할 일은 없나요?"

"제가 이렇게 하면 되는 거죠?"

"혼자 하기 힘드시죠? 제가 도와드릴게요."

이렇듯 어느새 제일 마지막까지 마무리를 하고 있는 것이 바이올렛일 경우가 많다. 때로는 '다른 사람은 안 하는데 왜 나만 이렇게 열심히 하지? 진짜 속상하네.'라는 생각이 들 때도 있다. 가정에서는 부모님을 봉양

해야 하는 착한 자식일 수도 있고 형제간에는 혹여 좀 더 희생하는 사람일 수도 있다. 바이올렛은 그럼에도 불구하고 힘든 자신과의 싸움을 극복하면서 한 단계 성장한다. 나누거나 희생을 해야 진정한 헌신이 가능해진다. '나는 다시는 희생 안 해야지.'라고 생각해도 다시 하게 되어 있다. 이것이 바이올렛의 숙명이다.

레드(땅)와 블루(하늘)를 섞어서 만들어진 컬러로 땅과 하늘 사이에 일어나는 모든 일들 즉 세상의 희로애락을 모두 겪고 신의 뜻으로 한 발짝 다가가는 것을 의미하는 것으로 모든 것을 경험하며 균형을 이룬다는 의미를 가시고 있다. 레드(감성)와 블루(이성)의 바이올렛은 냉철해 보이나 따뜻한 이해와 공감을 가진, 너무 이성적이지도 않고 너무 감성적이지도 않은 가운데의 균형을 지킨다. 머릿속의 생각을 현실화시키는 영감의 컬러로 예술적 능력을 가질 수도 있다. 자신이 하고자 하는 일이 위대한 무언가를 위해 나아가도록 하는 영혼의 힘을 가진다. 그 영혼의 힘을 가지고 있는 에너지로 침착하며 겸손하고 진지하며 남들보다 고귀하고 우아하다고 생각한다. 따라서 현실적인 생활에 만족 못 하며 윗사람에게는 순종하고 아랫사람에게 다소 거만하게 군림할 수 있는 이중적 모습이 보일 수 있다. 바이올렛의 키워드에 '영적 오만'이란 단어가 있는데 의미를 해석하기에 따라 다를 수 있겠지만 '내가 가장 고귀한 에너지니까 너희들에게 나누어 주는 기쁨을 누리겠다.'라고 볼 수 있다. 친구들 중에서도 혹여 그런 친구들 있지 않은가? '내가 너네들보다 우위야.' 단지 이렇게 우위라고 생각하며 나누어 주어야 하는 에너지를 본인만을 위한 에너지로 쓰고 있다면 고유의 에너지를 잘못 쓰고 있는 것일 것이다.

가장 상위의 차크라로 몸의 영역과 몸 바깥의 영역을 연결하는 컬러로 눈에 보이지 않는 영역의 에너지를 존중하고 가치를 둔다. 따라서 늘 나누어 주는 에너지로 누구에게 도움을 요청하는 것이 어려울 수밖에 없다. 누군가에게 도움을 받아야 하는 상황이 매우 불편할 수 있다. 자신이 힘든 상황을 요청한다는 것은 자신의 결핍이 있다는 것을 드러내는 것이므로 고귀한 바이올렛으로는 인정하기 힘든 에너지다. 자기 힘든 점을 잘 내보이지 않고 "난 괜찮아."라고만 외치며 참고 있다. 옆에 사람 숨넘어가기 딱 좋다. 물어봐도 웃기만 하고 말을 하지 않는다. 모든 행동 패턴은 습관들이기 나름이다. 내가 힘들면 누군가에게라도 얘기하는 습관을 들이자. 꾹꾹 눌러놓았다가 병으로 오지 않도록 말이다. 물론 힘들어도 참고 이겨 내는 것이 바이올렛의 숙명이라지만 적절한 자기 치유는 필요하다.

참고

'차크라'는 산스크리트어로 '바퀴', '순환'이라는 뜻으로 인체의 여러 곳에 존재하는 정신적 힘의 중심점으로 에너지의 출입구를 이르는 말로 정수리와 척추를 따라 존재하는 7개의 큰 혈 자리로 명상과 신체 수련에서 중요시된다.

항상 누군가에게 필요한 사람이고 싶고 누군가에게 필요하기 위해 봉사하게 된다. 그러다가 누군가에게 필요 없다는 생각이 들 때 무기력해진다. 가정에서 부모님 중에서도 이런 분을 볼 수 있다. 자식들을 위해 가족을 위해 평생을 희생하며 지내왔는데 자식들이 다 자라서 집을 떠나고 배우자도 나이가 들면서 각자의 편한 생활을 즐기게 될 때 '나는 이제 어

느 누구에게도 필요 없는 사람인가.'라는 생각이 들며 우울증이 오게 되거나 무기력해지는 경우가 있다. 이럴 때는 누군가에게 필요한 사람이 되기 위해 밖으로 나가서 봉사 활동을 하러 다닌다거나 새롭게 나를 필요로 하는 곳을 찾아 나서야 한다. 나의 컬러가 빛날 수 있도록 말이다.

여기에는 '자발성'이 뒷받침되어야 한다. 무엇을 하든 자발적으로 할 때가 가장 바이올렛스럽다. 개인의 성장이나 명예욕 등으로 스스로를 채우기 위해 노력해도 결코 만족되지 않는 허전함이 있을 것이다. '나 없음'을 기꺼이 수용하면서 에너지를 나누고 채우면 그것이 가장 바이올렛다움이고 스스로를 채우는 방법일 것이다. 바이올렛은 너무 아름다운 에너지를 가시고 이 세상에 왔다. 바이올렛이 가장 빛나는 순간 세상도 아름답고 밝게 빛날 수 있을 것이다. 기꺼이 에너지를 사용하기 바란다.

위로와 기도, 치유의 컬러로서 가장 어울리는 직업으로는 목회자, 신부, 스님 등의 종교 관련업이 있고 예술의 컬러에 맞는 직업은 패션 계열, 디자인 계열, 화가나 작가의 예술 계열이 있다. 첨단 유행과 관련된 직업으로는 예능, 방송 분야가 있고 도움이 필요한 누군가에게 기꺼이 나누어 줄 수 있는 직업으로는 교사나 강사 등 교육 분야, 정치, 외교 분야가 있고 법 관련 분야와 언론 계통, 컨설팅, 광고업 등을 들 수 있다.

바이올렛 성향 특징 한눈에 보기

✤ 이성과 감성의 조화, 예술성, 창조성
✤ 자신이 추구하는 신념과 가치가 충만할 때 동기 부여
✤ 내향적으로 보이나 자신만의 무대에서는 엄청난 열정과 에너지
✤ 마음먹은 일을 포기하지 않고 견뎌 내게 하는 힘
✤ 개인보다 공동체 정의 실현
✤ 대표적인 완벽주의자
✤ 침착함, 겸손함, 진지함, 고귀함, 신비함, 우아함
✤ 자발적 봉사와 희생정신
✤ 영적 오만으로 인한 거만함과 순종적인 이중적 모습
✤ 본인이 계산한 대로 상대가 움직이길 바람

우리 아이가 바이올렛 성향이라면 이렇게 해 주자

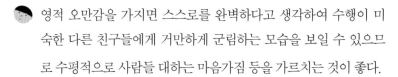 영적 오만감을 가지면 스스로를 완벽하다고 생각하여 수행이 미숙한 다른 친구들에게 거만하게 군림하는 모습을 보일 수 있으므로 수평적으로 사람들 대하는 마음가짐 등을 가르치는 것이 좋다.

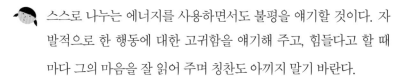 스스로 나누는 에너지를 사용하면서도 불평을 얘기할 것이다. 자발적으로 한 행동에 대한 고귀함을 얘기해 주고, 힘들다고 할 때마다 그의 마음을 잘 읽어 주며 칭찬도 아끼지 말기 바란다.

그린
늘 자신의 공간을 내어 주다

"박 선생, 김 선생님한테 부탁해 봐. 그 사람 거절을 잘 못하니까 아마 해 줄 거야."

"몇 번 부탁했었는데, 또 하려니까 좀 미안하기도 하고 해서…."

"괜찮아, 어차피 그 사람 화도 못 내. 다른 사람은 솔직히 부탁할 만큼 만만한 사람이 없잖아. 보니까 김 선생님도 그렇게 싫어하거나 힘들어하진 않던데, 진짜 힘들거나 싫으면 말했겠지. 바보도 아니고. 안 그래?"

위의 짧은 대화만 읽어도 마음속에 쌓였던 응어리가 치고 올라오는 게 느껴진다면 당신도 그린을 가지고 있을 수 있다. 그린은 평화주의자다. 그래서 나로 인해 시끄러워지거나 문제가 일어나는 것을 싫어한다. 박 선생님이 부탁하는 거 당연히 하기 싫다. 그러나 그린은 'No'라는 말이 입 밖으로 나오지 않는다. 우물쭈물하다가 그냥 'Yes'를 하고 만다. 레드가 보면 "왜 그 말을 못 해."라고 다그칠 수 있지만 그린은 못 한다.

연습이 필요하다. 거절의 연습. '그건 제 영역이 아닌 것 같습니다.'라고 말이다. 처음이 어렵지 자꾸 해 보면 괜찮아진다. 그린은 자꾸 경계를 넘어 남의 영역으로 들어가려 한다. 거긴 그 사람의 영역이다. 착하다는 말로 본인을 혹사하면 안 된다. 물론 사랑하는 사람이나 스스로 해 주고 싶은 사람은 제외하고 사회생활에서 겪는 많은 무경계로 일어나는 일들은 정말 주의해야 한다. 고구마 100개 먹은 것처럼 답답하겠지만 오히려 좋은 사람이라는 평판을 얻게 되는 밑바탕이 되는 에너지이기도 하다. 뭘 먹을지 물어도 "아무거나."라고 한다든지 뭐 선택하면 좋겠냐고 물어도 선택 자체를 힘겨워한다. 우유부단에 선택 장애가 같이 있을 수 있다.

무슨 일이든 열심히 하는 성실성과 거절 없이 잘 받아들이는 수용성으로 사람들과의 신뢰를 형성한다. 이러한 신뢰는 막무가내 형성된 것은 아니다. 스스로의 윤리적 기준을 세워 놓고 그 틀 안에서 일을 하기 때문에 쌓을 수 있는 것이다. 그러다 보니 다소 보수적 사고를 가지게 된다. 할 말을 다 하지 못하고 꾹꾹 눌러왔던 감정들은 마음의 병이 되어 한 번에 폭발하게 된다. 또한 하나에 꽂히면 고집 있게 의견을 밀어붙이기도 하며 참아 왔던 울분을 크게 내지르기도 한다. 이럴 때 남들은 '저 사람 평소답지 않게 왜 저러지.'라는 생각을 하며 평소 이 사람이 얼마나 많이 참아 왔는가에 대한 공감은 전혀 해 주지 못한다. 참 안타까운 일이다.

관계 지향적인 그린은 사람들과 대면해서 일을 추진해야 하는 것에 매우 강하며 문제가 일어나더라도 금방 대처를 잘한다. 무지개색을 놓고 보아도 그린은 한가운데 있고, 우리 몸의 에너지 점을 표현한 차크라에서도 가슴 쪽에 위치하고 있어 한가운데 에너지다. 그래서 공감력이 높다. 어떤 얘기를 해도 모두 마음에서 받아들여 공감해 주며 고개를 끄덕끄덕 해 주고 그룹에서 극단적 의견을 얘기해도 '그럴 수 있겠구나.'로 생각하는 사고의 유연성도 있다. 타인의 고민은 다 들어 주지만 정작 자기에게 어려움이 생길 때는 말을 하지 않고 혼자 삭힌다. 일을 할 때 사람들과 성과를 내는 것에 특별하게 잘하지만 다양한 일을 하는 것에는 소질이 없어 사람을 깊이 사귀는 데는 서툴 수 있다.

이러한 관계 지향적인 면도 다소 한쪽에만 치중된 모습을 보일 때가 있는데 자신이 좋아하는 사람이 남들과 친하게 지낼 때이다. 사람에 대한 욕심이 많고 시기 질투가 강하기 때문이다. 서로가 마음이 똑같으면 가장 좋겠으나 그렇지 않을 경우 마음을 많이 다치게 된다. 어쩌면 더 멀어지게 될 수도 있다. 이렇게 생기는 마음도 어쩌면 집착이라 볼 수도 있겠다. 그 마음을 조금은 내려놓아도 좋다. 지금 혹시 정말 친한 친구였는데 자꾸 소원해지는 게 보인다면 혹시 내가 그랬던 게 아닐까 의심을 한 번 해 보기 바란다. 자기 자신을 객관적으로 바라보기가 매우 힘들겠지만 그래도 해야 한다. 그래야 앞으로 친한 관계를 다시 만들더라도 잃게 되는 친구가 생기지 않는다.

관계 지향적인 그린에게 어울리는 직업에는 공무원, 세무·회계 관련업, 자영업, 교사나 보육 관련업, 의사, 상담사, 농업, 공업, 환경, 부동산 분야가 있으며 이는 사람들과 부딪치며 문제를 해결해야 하는 분야이다.

그린 성향 특징 한눈에 보기

♣ 주변에서 칭찬받는 좋은 사람
♣ 그룹의 배경 같은 사람
♣ 좋은 경청자, 높은 공감력
♣ 사고의 유연성, 조화로운 대인관계
♣ 우유부단, 결정장애, 답답함, 소극적, 수동적
♣ 분노 표현이 서툼
♣ 나보다 타인을 먼저 생각함
♣ 신뢰적, 수용적, 안정적, 성실성
♣ 재산 모으는 데 관심 많음
♣ 사람 욕심이 많아 시기 질투

우리 아이가 그린 성향이라면 이렇게 해 주자

수동적 성향이라 부모가 끌어 주는 대로 따라오므로 아이가 제대로 경험하기 전 이미 부모에 의해 간접으로 알게 되는 경우가 많다. 아이가 안전하게 탐색할 수 있는 기회를 제공해 주고 실수를 하더라도 야단치기보다는 실수를 만회할 수 있는 기회를 주면서 여유 있게 기다려 주는 것이 필요하다. 부모가 조바심을 내면 아이들은 더 큰 불안과 죄책감을 가지게 된다.

그린은 늘 좋은 감정만을 느끼려고 한다. 부정적이거나 불편한 감정은 회피하며 자신이 손해 보고 희생하면서까지도 불편한 상황을 멈추고 싶어 한다. 따라서 부모의 불편한 감정이 본인 때문이라는 피해 의식을 가지지 않도록 해야 하며 과한 보호로 아이의 행동을 절제시키거나 회피적 태도로 부정적 감정을 억압시켜서는 안 된다. 아이가 부정적 감정을 표현할 때 잘 받아 주고 아이가 소화할 수 있도록 기다려 주어야 한다. 부모도 아이와 함께 감정을 표현하고 다루는 연습이 필요하다.

그린은 어디서나 잘 지내고 주변을 배려하는 사려 깊은 아이들이 많다. 먼저 타인의 감정을 살피고 자신의 감정을 쉽게 표현하지 않으며 규칙과 도덕성을 중시하므로 지나치게 책임감을 강조하지 않는 것이 좋다. 아이가 안전하다고 생각하는 큰 틀만 정해 주고 그 안에서 사유롭게 선택하며 누릴 수 있는 권리를 주는 게 좋다. 그리고 그 선택에 대한 스스로의 책임을 가르치도록 해야 한다.

오렌지
새로움에 끌리다

유치원에서 한 아이가 블록 장난감을 가지고 논다. 옆의 친구는 누구나 할 수 있는 모양 만들기 정도로 완성했지만 한 아이는 "와~ 어떻게 이런 걸 생각했어?"라고 할 만큼 독특한 모양을 완성한다. "이거 이렇게 바꾸면 변신 로봇도 돼요. 선생님."이라고 말하며 즐거워하는 아이를 볼 수 있다. 새로운 것을 만들어 내는 에너지가 있는 것이다. 흔히 창의력이라고 한다. 새롭지 않으면 계속 새로운 것을 원하게 된다. 그래서 충족되지 않을 땐 새로운 물건이라도 사야 한다. 새로운 휴대폰이 나오면 바꿀 때도 안 되었는데 그냥 바꾼다. 홈쇼핑의 물건을 어느새 사고 있다. 시간만 나면 다이소에 가서 뭐 새로운 거 나온 거 없나라고 생각하며 작은 거 하나라도 사서 온다. 항상 새로운 것을 당기는 에너지는 좋은 쪽으로는 창의력으로 발현하여 무궁무진한 아이디어를 쏟아 낼 수 있지만 그 에너지가 충족되지 않으면 새로운 물건을 사서라도 충족을 하려 하기 때문에 조절이 중요하다. 이런 오렌지 컬러들은 창의력을 요하는 곳에서 일을 하면 좋은 결과까지 볼 수 있기에 일석이조다.

오렌지는 옐로의 어린아이 같은 순수한 밝음과는 조금의 차이가 있는 쾌활의 에너지다. 사교적이고 친절하며 항상 미소를 짓고 재치도 있다. 유창한 언어 능력이 있고 자립적이며 현실적이다. 일 처리에 있어서 관대함과 추진력이 있으며 긍정적이고 인내심이 있다. 낙관적이지만 스스로에 대한 열등감도 가질 수 있다. 함께 모여 일하기를 좋아함으로 혼자 있는 건 바람직하지 않으며 개인의 성공보다 조직에서의 성취감을 더 크게 생각한다. 에너지를 한 방향으로 쏟는 만큼 일을 완수시키는 집중력이나 창조력이 높다. 그래서 바라는 것을 물질적인 것으로 실현시킴으로써 생각의 현실화를 이룰 수 있다.

디자인 센스가 높아서 주변을 다듬고 구축하는 걸 좋아하며 요리를 잘하거나 스포츠에 두각을 나타내기도 한다. 화려하고 사회적 행사를 좋아하고 '홍' 에너지가 있다. 본능적 즐거움을 추구하여 시각, 청각, 후각, 미각, 촉각을 잘 활용한다. 눈길을 끌고 세상의 주목을 받는 것을 좋아하여 예체능 계열로 나가는 사람이 많다. 냉철하거나 냉정하지 못해 판단력이 흐리고 세밀하거나 꼼꼼하지 못해 실수가 있기 쉽다. 항상 새로운 것을 끌어당기는 에너지의 그림자 면으로 충동구매, 중독, 유희, 쾌락주의에 빠질 수 있는 것에 주의해야 한다.

디자인 감각이 좋고 개인보다 조직에서 성취감을 더 크게 생각하는 오렌지에게 어울리는 직업에는 디자인 관련업, 여행·관광 관련업, 광고·방송 관련업, 연예 계열, 의사, 기획자, 어학 계열, 소설가·문학 계열 등이 있다.

포털사이트 인물 사전에 나온 생년월일이 맞다면 축구선수로 유명해진 손흥민 선수나 수영선수 박태환과 전통가요를 멋들어지게 부르는 가수 장윤정 등 예체능계에서 이 컬러를 많이 가지고 있다. 나 역시 이 오렌지를 가지고 있고 음악을 전공했다. '홍' 에너지, 즉 '끼'와 소질을 타고난다. 눈길을 끌고 세상의 주목받는 것을 좋아한다. 시각, 청각, 후각, 미각,

촉각 등의 본능으로 즐거움을 느끼는 에너지를 가지고 있어서 이 오감과 관련된 직업군과 연결되어 있다고 보면 된다. 화려한 것과 사회적 행사 등을 좋아하고 표현할 때는 다소 과장되기도 한다. 이 컬러를 일찍 알아본다면 진로를 결정하는 데 훨씬 도움을 받을 수 있을 것이다.

오렌지 성향 특징 한눈에 보기

✤ 쾌활한 성격, 표현력
✤ 사교성, 친절함, 재치, 유창한 언어 능력
✤ 항상 미소를 띤 얼굴, 긍정적
✤ 자립적, 현실적, 관대함, 낙관적, 인내력
✤ 자유로움, 변화적, 혁신적, 활력, 집중력
✤ 추진력, 지구력 약함, 상황 판단 빠름
✤ 요리를 잘하거나 스포츠에 두각
✤ 항상 새로운 것을 추구
✤ 아이디어 표현과 개발 탁월

우리 아이가 오렌지 성향이라면 이렇게 해 주자

🌑 창의적 사고가 뛰어나기 때문에 자신의 상상을 마음껏 펼치고 표현할 수 있도록 해 주는 것이 중요하다. 상상력을 넘어 과도하게 표현할 때도 면박을 주지 않는 것이 좋다. 격려와 인정을 받고 싶은 마음이 크기에 면박을 주게 되면 더 과장될 수 있기 때문이다.

🌑 갈등 상황이 일어날 때는 진솔한 감정이 전달되도록 하여 회피하거나 무책임한 행동이 습관처럼 되지 않도록 해야 한다.

🌑 항상 화제의 중심에 서고 싶어 하므로 이런 반응을 경청하고 인정

해 주는 것이 좋다. 옳고 그름을 판단하지 말고 자유로운 표현력
을 키우도록 해 주는 것이 좋겠다.

터콰이즈
훨훨 날고 싶은 새

"너 요즘 도대체 왜 이러는 거니? 예전에는 공부도 곧잘 하고 엄마 말도 잘 듣고 모범적이었잖아. 근데 지금은 책상에 앉아 있는 게 그렇게 힘드니? 공부가 하기 싫어? 하고 싶어 하는 사람은 없어 해야 하니까 하는 거지. 우리 정신 차리고 공부 좀 하자. 엄만 널 믿는다."

그리고 얼마 지나지 않아 방문을 열어 보면 딴짓을 하고 있거나 스트레스가 있다며 자전거를 타고 바람 쐬고 온다고 나가 버리거나, 축구하러 나간다고 하고 실컷 있다가 들어오는 등 공부 외에는 다 하고 싶어 할 수 있다. 자식에 대한 답답한 마음으로 상담을 원하는 엄마들의 대부분이 터콰이즈 자식을 둔 부모였다. 자식이 엄마 마음대로 손안에 들어오지 않는다는 것이다. 그렇다. 터콰이즈는 답답한 것을 싫어하여 돌아다니고 싶어 한다. 방 안에 가만히 앉아서 공부만 하라고 하면 숨 막혀 한다. 이들은 춤이나 노래를 잘하거나 새로운 아이디어를 내는 만들기나 창작 활동 등 다양한 분야에 재능이 있을 수 있어 엔터테이너적인 끼를 가지고 있다고 보아도 무방하다.

이런 애들을 한 공간에 가두면 아이디어가 나오지 않으며 하고 싶은 대로 가만히 놔두어야 잘하는 유형으로 실컷 놀다가 제자리로 돌아와 자기 역할을 다한다. 그러나 대부분은 이들을 기다려 주지 못한다. 현재 교육 시스템도 그렇고 부모들도 '저렇게 해서 어떻게 살려고 저러나.' 싶어서 걱정의 무게만 아이들에게 전가시킬 수 있다. 또한 무작정 시키거나 항상 지시하는 말투를 쓴다든지 자신의 선택이 아닌 시켜서 하는 것은 억압과 강압으로 여겨 튕겨져 나간다. 따라서 가정에서나 규범 안에서 움직여야 하는 학교나 지시에 의해 움직여야 하는 직장 생활이 참 힘들 수 있다.

새로운 것에 대한 호기심으로 다양한 취미 생활을 가질 수가 있으나 끈기가 없어서 한 가지 일을 끝장내거나 오래 하지는 못한다. 그러나 재미있는 건 엄청 집중해서 밤을 새울 수도 있다. 이렇게 다양한 활동을 좋아하다 보니 만나는 사람도 많고 친구도 많으며 인기도 많다. 소통력이 있어서 사람의 마음을 움직일 수 있는 감성적인 말을 잘하니 유튜버나 DJ, 카페 운영도 좋겠다. 또한 연예인들 대부분이 가지고 있는 컬러이기도 하다. 규범에 따라야 하는 단체 생활이 힘들기 때문에 혼자 할 수 있는 직업을 가지는 것이 행복하며 그 성향에 맞게 하기 가장 좋은 직업들에는 창의적인 능력을 필요로 하는 IT 분야의 1인 미디어 디렉터, 크리에이터, 프로그래머, 웹 디자이너가 있고 예술 창작 분야에는 화가, 안무가, 연극배우, 작사 · 작곡가, 아트디렉터, 기획사, 무형문화재, 공방 운영, 작업실 운영, 헤어디자이너 등이 있다. 잘 다니고 있는 직장이 있는데 또 다른 일도 하고 싶다면 과감하게 그만두기보다는 two job을 가지기를 조언한다.

노는 것을 좋아하는 컬러라 일에 대해 흐리멍덩하지 않을까 염려할 수 있지만 할 땐 하는 유형이다. 다만 목적성이 있을 때는 똑 부러지게 잘하며 더욱더 좋아하는 조건이 붙으면 물불 안 가리고 잘한다. 예를 들어 이번 시험 잘 보면 여행을 보내 준다든지 게임을 실컷 하게 해 준다든지 콘서트를 보내 준다든지 말이다. 결과에 대해서는 호기 있게 큰소리치는

컬러 심리

편이나 속으로는 전전긍긍하는 겁을 가지는 편이다. 머리가 좋고 밝고 쾌활하며 노는 것을 정말 좋아하고 자유롭고 싶은 마음이 절실하며 마음 대로 할 수 있어야 아이디어가 샘솟는다. 누군가 진정으로 믿고 지켜봐 준다면 그 누구보다 빨리 성장할 수 있는 컬러다. 힘겨운 성장 과정을 거 치고 나면 누구보다 높이 훨훨 나는 멋진 새가 될 것이다.

터콰이즈 성향 특징 한눈에 보기

- ♣ 독립적 성향
- ♣ 친구가 많고 인기쟁이, 소통력
- ♣ 쾌활하고 노는 거 좋아함
- ♣ 한 가지 일을 끈기 있게 오래 못 함
- ♣ 다재다능(예체능)한 엔터테이너적 끼
- ♣ 자유로움을 추구·속박된 생활 거부
- ♣ 변화에 민감하고 그 흐름을 잘 탐

우리 아이가 터콰이즈 성향이라면 이렇게 해 주자

🌀 틀에 박힌 사고보다는 자유로운 사고를 지향하고 구속하려고 할 수록 더 멀리 도망가고 싶은 마음을 가지므로 서로의 영역과 가치 를 존중하는 정서적, 신체적 거리와 자신만의 공간을 주도록 하자.

🌀 부모와 갈등 상황이 될 때 터콰이즈는 감정을 차단하거나 회피적 인 태도를 보일 수 있다. 입을 다물어 버리면 원활한 의사소통이 어렵게 된다. 서로가 감정적인 문제 해결보다는 객관적이며 이성 적인 대화로 풀어 간다면 좀 더 원활하게 관계를 회복할 수 있을

것이다.

터콰이즈는 하늘을 날고 싶은 새라고 할 수 있지만 부모님의 손길이 닿을 수 있는 정도의 영역도 필요하므로 말이라고 비유를 해 보자. 우리는 말이 넓은 초원을 자유롭게 뛰어다닐 수 있도록 해야 한다. 초원에도 울타리는 분명 있다. 한눈에 감독할 수 있는 좁은 울타리냐 눈에 보이지 않을 만큼 넓은 울타리냐의 차이다. 자유를 추구하는 터콰이즈는 울타리를 좁게 할수록 숨 막혀 한다. 눈에 보이지 않는다고 해서 조급해하지 말고 그 울타리가 부모님의 사랑이라는 확신을 가지게 하는 이상 잘못된 길로 가지 않는다. 부모가 터콰이즈 자녀에게 자율성을 주고 온전히 그들을 믿고 인정해 주면 빛나는 터콰이즈가 될 수 있다.

올리브
겁쟁이의 상냥함

학교에서 진로 상담교사를 하면 학생들 진로 체험이나 직업인 강의를 위해 외부 강사들을 맞이하는 일이 많이 생긴다. 그 강사들은 학교의 어디에 있을지 모르는 진로 상담실을 찾아, 어떤 때는 건물 안을 헤매다 진로 상담실을 찾아오곤 한다. 나는 그분들께 참 고마운 마음을 가진다. 우리의 필요로 요청해서 오신 분들이다. 혹자들은 "자기들도 돈 벌러 오는 거잖아."라고도 한다. 그러나 그건 당연한 일이고 우리를 찾아와 주는 누군가는 모두 감사하고 소중한 마음을 가진다. 그 사람들을 과하다 싶을 만큼 친절하게 맞이하고 그들이 잠시 왔다 가는 곳이지만 여기의 좋은 인상을 남기고 싶었다.

어떤 강사분은 많은 학교를 다녔지만 이렇게 자기의 존재가 존중받는다는 느낌을 가져 본 곳이 없었다고 했다. 오면 오는가, 가면 가는가 하는 곳이 대부분이라고 했다. 그래서 나를 너무 좋게 본 나머지 결혼했냐고를 물으시며 누구를 소개해 주고 싶다고도 했다. 요즘 나이가 들어도 혼자인 사람이 많으니 물어보고 싶었다고 했다. 감사한 일이다. 누군가 나를 참 좋게 본다는 것이다. 바로 이런 것에서 마음의 안정을 느낀다. 이것이 올리브 컬러다.

올리브는 주저함의 그린과 불안한 마음의 옐로가 합해서 만들어진 컬러다. 아주 작은 일에도 마음을 다치기 쉽다. 그래서 스스로 마음을 다치지 않기 위해 설령 모르는 사람일지언정 먼저 과할 정도의 인사를 하거나 친절을 베푼다. 미리 방어막을 치는 것이다. 나에게 지인이 얘기한 적이 있다. 자신을 맞이할 때보다 가깝지도 않은 다른 사람을 맞이할 때 더 친절한 것이 썩 기분이 좋다 않다고 말이다. 나도 내가 이 컬러를 가지고 있다는 것을 알기 전에는 잘 몰랐다. 사회생활을 할 때 유독 상냥하게 나를 맞이해 주는 사람이 있다면 올리브 컬러를 가지고 있을 가능성이 있다. 그렇게 하지 않으면 올리브는 오히려 불안해한다. 남들은 상처받는 말이나 행동이 아닐 수 있으나 올리브는 상처받을 수 있다.

싱처를 잘 받기노 하나 그 상처를 혼자 견뎌 내며 스스로 강해지는 법을 터득하는 것도 잘한다. 한마디로 외유내강형이다. 살면서 겪게 되는 위기의 순간과 무너질 수밖에 없는 상황에서도 멘탈이 강하다. 어쩌면 이들은 "왜 나에게만 유독 이런 힘든 일이 일어나는 거지?"라고 생각할 수도 있으나 오히려 강한 정신력으로 이겨 낼 수 있는 에너지가 있다는 것도 어찌 보면 올리브만 가지는 좋은 점일 수 있다. 상냥하고 자신의 자리에서 책임감 있게 행동하며 어떤 상황에서도 크게 동요하지 않고 주변과 잘 어우러져 천천히 성장하고자 한다. 이렇게 발휘된 자신의 능력으로 주변에서 사랑받고 보호받길 원하는 것일 수 있다. 사람들이 자기를 싫어할까 봐 두려워하면서도 특유의 애교와 친화력으로 사회생활을 잘 유지한다. 주변의 상황이나 분위기에 영향을 많이 받기 때문에 형성된 성향이다. 그러나 이런 여린 컬러도 뭐 하나에 꽂히면 무섭게 파고들거나 고집을 부릴 수 있다. 내 것을 지키기 위한 고집일 수도 있고 독단에 의한 결정이나 그에 따른 행동일 수도 있다.

컬러 심리

사람의 감점을 부드럽게 교환할 수 있는 올리브에게 잘 어울리는 직업으로는 복지 관련업, 아동 교육 관련업, 동물 관련업, 식물 관련업, 식품·요리 관련업이 있고 부드러운 리더십을 필요로 하는 분야에는 연출가나 기획자 등이 있다.

올리브 성향 특징 한눈에 보기

✤ 유연함, 여성적 리더십
✤ 평화롭고 안정된 분위기 선호
✤ 휘어지지 않고 중심을 잘 잡는 내면의 강인함
✤ 고통 끝에 희망이 온다고 생각하고 잘 견딤
✤ 불안하면 겁쟁이로 변함
✤ 항상 상처를 받을까 봐 가지는 두려움
✤ 명석함
✤ 고집과 독단

우리 아이가 올리브 성향이라면 이렇게 해 주자

감수성이 풍부하고 평화롭고 안정된 분위기를 좋아하는, 환경에 민감한 아이므로 주변 환경을 갑자기 바꾼다거나 느닷없이 새로운 친구들과 잘 지내라고 강요하는 일은 없어야겠다. 처음 보는 아이에게 매우 친절히 잘 다가가는 것처럼 보이지만 진짜 친해져서 그런 게 아니니 쉽게 사귈 수 있는 아이라고 단정 지으며 이런 환경에 자주 노출되게 해서는 안 된다. 본인은 매우 스트레스를 받고 있는 상태이므로 서서히 다가가도 좋다는 느낌을 주며 천천히 지켜봐 주자.

 상처를 잘 받는 아이라서 내색을 하고 있진 않지만 혼자 힘들어할
수 있다. 그 마음을 잘 읽어 주고 보듬어 주자. 스스로 단련하며
강해질 수도 있지만 상처가 아문 흔적은 쓴맛으로 남을 것이다.
혼자가 아니라는 것과 함께해 줄 사람이 있다는 것으로 쓴 상처의
흔적이 남지 않도록 도와주자.

컬러 심리

골드
생각에 행동 더하기

골드는 지성의 옐로에 열정의 레드가 더해져서 생긴 컬러다. 옐로가 머릿속에 생각이 가득 차서 혼란스럽다고 앞서 얘기했는데 골드는 여기에 실행력이 있는 레드가 더해져서 머릿속의 생각들을 행동으로 끄집어내는 역할을 한다. 미래에 일어났으면 하는 자신만의 계획이나 생각들을 직접 준비하게 하는 힘을 가지고 있어 무언가를 이루어 내는 데 매우 큰 역할을 하는 컬러다. 골드는 생활에서도 가장 귀하게 취급하는 색으로 왕을 상징한다. 컬러 성향도 마찬가지로 본인 스스로 판단하고 결정하며 남의 조언을 잘 구하지 않는다. 설령 조언을 듣더라도 자기 안에서 다시 상기하여 결정하고 판단한다. 왜냐하면 본인이 왕이기 때문이다. 그렇다고 쉽고 가볍게 여기지는 않는다.

어떠한 일도 신중하게 생각하며 판단한다. 그 판단에 앞서 항상 가치 있는 결정인가를 생각한다. 골드는 가치 지향적이며 의미 지향적으로 본인의 생각과 행동이나 삶의 패턴이 진정 가치 있는 것인가를 항상 생각하며 가치 없는 것에는 아예 신경 쓰지 않는다. 주도적으로 일을 하고 중요하다고 생각하는 것에만 가치가 있다고 여기며 일의 진행도 빠르다. 지금 제대로 잘 살고 있는가를 항상 고민하고 가치 있게 살기 위해 노력한다. 그 이면에는 오히려 그렇게 살지 못할까 봐 가지게 되는 두려움이 있다. 두려움은 겁으로도 표현할 수 있다. 그러다 보니 삶을 너무 진지하게 대해서 어쩌면 주위에서 웃자고 하는 얘기를 죽자고 덤빌 수도 있다.

골드 부모님들이 자녀들과 대화를 하다가 그런 적이 없었는가? 자녀들의 놀이 문화 등을 얘기하는 것에 끼어들어 혼자 진지하게 "그렇게 생각하면 안 된다.", "그런 행동을 하면 남들이 뭐라 생각하겠느냐."라며 아이들이 재미 삼아 하는 얘깃거리를 혼자 너무 진지하게 받아들여서 자녀들로부터 "엄마는 항상 이렇게 진지하게 받으니까 무슨 얘기를 못하겠네. 이렇게 사회생활 하면 엄마 왕따 되기 쉬울 거야."라는 말을 들어 보았는가? 내가 들어 보았다. 자신만의 사고의 틀이 강하다 보니 그것에서 벗어나는 것이 힘들며 남들이 쉽게 내딛는 길도 무작정 나아가기 힘들다. 앞에서 말한 두려움일 수도 있고 고집일 수도 있다.

골드는 지혜를 발견하는 기쁨이 크므로 무엇을 하고 있는가보다는 어떤 마음으로 하고 있는지, 그 순간을 온전히 즐기고 있는지의 태도를 중시한다. 이런 마음으로 일에 임하다 보면 일에 빠져 사는 워커홀릭이 될 수도 있다. 일 자체를 즐기기 때문에 좋아하는 일은 남이 뭐라 해도, 힘들어도 그 길을 스스로 묵묵히 헤쳐 간다. 집단생활에서는 카리스마가 있으며 리더 역할이 많다. 자신의 일에 만족하며 스스로에게도 만족감을 가진다. 자기에 대한 중심을 잘 잡고 있어서 잘못된 길로 빠지거나 한쪽으로 쏠린 생각을 하거나 지나친 감정이 들거나 해도 중심을 잘 잡고 벗어나지 않으려고 하는 성향이 있다.

골드 성향 특징 한눈에 보기

♣ 주도적인 성향, 리더 역할에 적합
♣ 신중한 판단, 너무 진지한 삶의 태도
♣ 부드러운 카리스마, 워커홀릭
♣ 나답게 잘 살고 있는지에 대한 고민과 두려움
♣ 삶의 매 순간 기쁨 추구
♣ 스스로에 대한 만족감
♣ 휘둘리지 않게 중심 잡기, 가치 지향성
♣ 이기적, 과도한 통제, 힘의 남용

우리 아이가 골드 성향이라면 이렇게 해 주자

시키는 대로 하기가 어려운 아이다. 남의 조언을 잘 구하지 않고 독단적으로 하려 들 때 부모는 억지로 시키려고 하지 말고 네가 잘 생각해서 옳은 결정이 될 수 있도록 최선을 다 해라고 하며 지켜봐 주어야 한다.

아이가 매사에 너무 진지할 때 가벼운 웃음거리를 선사해 주어야 한다. 골드는 옐로를 포함하고 있어 이 아이는 기본적으로 기쁨과 밝음을 가진 아이다. 놀 때와 공부할 때, 일할 때 자신이 가져야 할 감정의 경계를 분명히 해 두는 연습을 하게 하는 것이 좋다.

코랄
사랑에 목말라하다

"엄마는 왜 언니나 오빠한테만 잘해 주고 나한테는 신경 안 써 줘? 항상 그랬어. 지금도 내가 아프다고 하는데 언니가 하는 얘기에만 대답해 주고!"

"뭐? 어디가 아픈데? 너야말로 툭하면 아프다는 핑계로 불만을 쏟아 내더라. 니만 왜 이렇게 불만이니? 내가 삼 남매 어느 하나 사랑 더 주고 덜 주고 없이 공평하게 키우려고 얼마나 애를 썼는데, 오히려 너한테 신경을 더 썼으면 썼지 덜 쓰진 않았어. 오히려 큰애한테 좀 더 미안할 지경인데, 너는 사랑을 덜 받았다고 하니 내가 이해가 안 간다. 네가 정말 이러면 안 돼."

"아니야. 엄마는 언니나 오빠 일에는 바로 달려가서 관심 가져 주고 나는 아프다고 해도 그 정도는 괜찮다고만 하고, 아예 신경도 안 써 줬어. 내 말은 진심으로 들으려고 하지 않았다고. 나는 그게 항상 기분 나빴어."

어느 코랄 컬러를 둔 자식과 엄마의 대화다. 코랄은 정말 사랑스러운 컬러이다. 사랑해 주는 에너지도 많지만 사랑받고 싶은 에너지가 더 크다. 그래서 사랑을 받는 것에 굉장히 예민하게 반응한다. 위의 경우에 대해 다시 말해 보면 엄마의 입장에서 당연히 차별해서 사랑을 주지 않았을 것이다. 엄마 말대로 오히려 아프다고 하는 막내를 한 번 더 챙겨 봐 줬지 언정 덜해 주진 않았을 것이다. 그러나 왜 막내가 그런 생각을 했냐면 코랄 컬러기 때문이다. 일부러 아프다고 꾀병을 부려서라도 사랑과 관심을 받고 싶어 하는 에너지가 있다. 이런 아이들에게는 똑같이 사랑을 주면 안 된다. 과하다 싶을 정도로 더 많이 주어야 한다. 그래도 다른 자녀들이 블루나 레드일 경우는 사랑을 덜 받는다고 징징거리지 않을 것이다. 유독 코랄만 가지고 있는 특징이다.

"엄마, 내가 나중에 나이 들어서 직업을 선택했는데 또 다른 일이 하고 싶어지면 어떻게 해?"

"엄마, 내가 나중에 늙어서 힘이 없어질 때 내 자식들이 함부로 하면 어떻게 해?"

"아직 오지도 않은 일을 왜 사서 걱정을 하고 그러니? 눈앞에 닥칠 일이나 생각하렴."

위 대화는 미래의 기운을 당겨 와서 이루게 해 주는 코럴 에너지를 잘 표현한 내용이다. 그래서 먼 앞날의 생각들을 너무 많이 당겨서 걱정하는 모습들을 보이기도 하고 희망적인 좋은 일도 당겨 오게 하는 에너지 때문에 소원을 이루게 해 주는 에너지로도 사용된다. 현실과 떨어진 미래 걱정을 자꾸 할 때는 미래에 일어날 수 있는 좋은 일들을 생각하며 현재를 준비할 수 있도록 도와야 한다. 또한 주변의 환경과 타인에 민감하게 반응을 하기 때문에 동창회 모임을 가게 되더라도 누가누가 오는지를 꼭 물어봐서 거슬리는 친구가 있으면 가지 않게 된다거나 타인이 나를 어떻게 생각하는지를 중요하게 생각하기 때문에 항상 자기 행동을 뒤돌아보고 남들의 피드백에 관심을 가지며 처신하게 된다.

평소에 똑 부러지고 말을 잘하던 아이도 주변 환경이 변해 어색한 상황이 될 때는 행동에 제약을 받으며 평소 같지 않은 태도를 보일 수 있다.

불규칙한 에너지가 있어 생각과 행동이 통통 튀어서 어떤 생각을 하게 될지 어떤 행동을 하게 될지 판단하는 데 어려움도 따른다. 오늘 경찰관이 되고 싶다고 해 놓고 금방 의사가 되어야겠다고 한다거나 지금은 하기 싫다고 했다가 금방 "아니, 지금 힐래."라고 하거나 "오늘은 나가서 놀자."라고 해 놓고 "그냥 집에 있을까?"라고 하는 종잡을 수 없는 일들이 생기기도 한다.

"우리 오늘 공룡 만들기 숙제 엄마랑 같이 할까? 시간이 많이 걸리니까 이 부분을 엄마가 해 줄게."

"아니, 아니. 이건 내가 할게. 내가 할 거야."

하머 준비물을 뺏어 가는 일이 있다. 끝까지 엉망이 되어도 혼자 해 보려고 하는 경우가 대부분이다. 이 에너지는 자립성이 강해서 누구에게 잘 의지하지 않고 스스로 해 보고 직접 그 과정 자체를 즐긴다. 부모도 이런 자식 저런 자식을 키우다 보면 유독 엄마 손을 많이 필요로 하는 애가 있고 엄마는 건드리지도 못하게 하는 애도 있을 것이다. 각자의 가진 에너지가 이렇게 다르게 표현된다.

코랄 성향 특징 한눈에 보기

♣ 사랑과 기쁨의 컬러
♣ 무조건적 자기 수용
♣ 현명함, 가정적임, 보살핌, 양육
♣ 섬세하고 예민함
♣ 주변의 환경과 타인에 대해 민감
♣ 사랑을 독차지하고 싶어 함. 주목받기를 원함
♣ 불규칙한 에너지
♣ 혼자 해 보는 것을 좋아하는 자립심
♣ 지혜로움
♣ 미래의 에너지를 끌어당김

우리 아이가 코랄 성향이라면 이렇게 해 주자

미래에 대한 앞선 걱정을 자주 하는 모습을 보일 때는 오히려 안 좋은 걱정보다는 어차피 미래의 에너지를 당겨 올 거라면 긍정적인 에너지를 당겨 올 수 있도록 용기 북돋우는 말로 마무리를 해 준다.

꾀병을 부려서라도 사랑받고 싶고, 관심받고 싶어 할 때는 관심을 가져 주자. 많은 사랑이 필요한 컬러이므로 받아들이도록 하자.

뭐든지 혼자 해 보려고 할 때는 하게 해 주자. 결과보다 과정을 중요시하고 그 과정에서 열심히 하는 모습에 칭찬해 주자.

변화된 환경에서 평소와 같은 행동을 하지 않더라도 나무라서는 안 된다. 익숙할 때까지 기다리는 시간이 필요하겠다.

로열 블루
생각의 블랙홀

"엄마, 우리가 살고 있는 지구는 누군가 조종하고 있는 가상의 세계가 아닐까? 거기서 우리는 짜인 각본대로 그냥 움직이고 있는 것 같아."

"우주 다른 쪽에는 지구와 똑같은 행성에 사람이 살고 심지어 내가 거기에도 있는 거 아닐까?"

"엄마, 애들은 정말 생각이 너무 없는 것 같아. 쓰레기를 어떻게 길에 그냥 버리지? 환경에 악영향을 미치는 걸 정말 모르는 걸까? 도대체 지구를 생각이나 하는지, 원."

"인간은 왜 사는 걸까? 어떻게 하다가 인간이 되었을까?"

"친구들은 너무 어려서 나랑 레벨이 맞지 않아. 그래서 대화가 안 통해. 생각하는 게 너무 1차원적이라 정말 시시하고 유치하고 답답해."

혹시 이런 말을 하는 어린애를 본 적 있는가? 한두 번 이런 말을 던지는 정도가 아니라 주야장천 이런 생각에 사로잡혀 있는 애들을 얘기하는 것이다. 학교에서는 워낙 많고 다양한 학생들이 있다 보니 이런 성향의 애들을 가끔 본다. 상상력이 풍부하다고 얘기하기도 하지만 생각하는 게 보통 애들과는 좀 다르다고 보는 것이 더 맞을 것이다.

이들은 하나에 꽂히면 그 생각에 빠져서 헤어 나올 수 없다. 똑같은 사물을 보더라도 깊이 있게 보는 로열 블루 에너지 때문이다. 이렇다 보니 로열 블루는 자신만의 생각의 틀에 갇혀 서로 얘기를 나눌 만한 사람이 없어지며 대화가 자연히 단절되어 혼자 있는 길을 택하기도 하며 스스로

고립의 길로 빠지기도 한다. 이런 경우는 로열 블루의 에너지가 매우 깊을 때 보이는 증상이다. 너무나 어른스러운 모습에 '우리 애는 완전 똑똑해.'라고 흐뭇하게만 바라볼 일이 아니다. 너무 깊은 생각의 구멍에 빠질 때는 현실적 감각을 일깨워 주도록 해야 한다.

현재 나에게 가장 급한 현안을 해결하는 연습을 시켜서 스스로 자신의 방에 고립되지 않도록 해야 한다. 지금까지는 지나치게 몰입하는 로열 블루에 대해 얘기했으나 다수에게 일어날 수 있는 현상은 아니다. 그러면 일반적인 로열 블루는 어떠한가? 상대방을 존중하고 자신이 생각하는 정의와 올바른 가치관을 고수하며 확고한 신념을 표현한다. 부드럽고 온화하며 쉽게 흥분하지 않아서 남들이 소극적인 사람으로 보기도 한다. 이성적이며 논리적이고 깊은 에너지라 안정감이 있어 함께 있으면 사람들은 편안함을 느끼기도 한다.

"이야기가 어떻게 되느냐 하면, 이 두 사람이 만난 거야…."

"아, 알겠어요. 그중에 한 사람이 죽죠?"

"어, 어떻게 알았어? 아직 얘기를 제대로 시작도 안 했는데."

"척 하면 척이죠."

"사다리꼴의 넓이는 이렇게 해서 구하면 됩니다."

"선생님, 그러면 그 원리를 이용해서 평행사변형 넓이 구하는 것도 가능하겠네요."

"그럼 이 문제는 무슨 방식을 이용해서 풀어야 하는지 알 수 있겠나요?"

"저는 문제를 보는 순간 바로 답을 알겠어요. 어떻게 할지가 머릿속에 바로 그려져요."

위의 내용처럼 로열 블루는 직관력, 통찰력이 있다. 남들이 보지 못하는 부분을 알아내는, 꿰뚫어 보는 에너지다. 에너지가 더 강할 경우 투시, 투청 등 심령적 능력까지 가지게 될 수 있다. 또는 주위에서 예지몽을 잘 꾸는 사람을 본 적 있는가? 이 경우도 로열 블루의 에너지가 발달된 경우다. 탄생 컬러에 들어 있지 않아도 환경적인 영향으로 개인적 능력을 보일 수도 있다. 이 에너지는 '촉이 좋다'라는 말로도 표현되는데 사람 많은 곳에 갔다 오면 몹시 피곤함을 느낀다. 그 이유는 원하든 원치 않든 들어오는 정보가 많나는 것이다. 촉이 무딘 사람은 정보를 줘도 받아들이지 못하지만 촉이 좋기 때문에 받아들이는 것이 많다.

집에 들어오면 혼자 조용히 방에서 쉬고 싶어 하며 심할 때는 우울과 고립에 빠질 수도 있으며 무기력해지기도 한다. 이런 일이 반복되다 보면 머릿속에 들어오는 정보의 양이 너무 방대해서 버거워하거나 모른 척하거나 처리할 수 없는 것들에 대해 스스로 무뎌짐을 선택하게 된다.

성실하고 진지하며 깊은 생각의 감정을 가진 로열 블루에게 좋은 직업들에는 사법이나 행정 관련 국가 공무원, 화이트 컬러로 불리는 회사원과 한 분야를 깊게 연구하는 학자, 교수, 교육 계열, 출판 계열, 의학 계열 등이 있다.

로열 블루 성향 특징 한눈에 보기

♣ 깊은 생각의 감정, 직관력, 통찰력
♣ 촉이 좋아 특별함 추구
♣ 강한 의사 결정, 권위적, 존재감, 리더십
♣ 방향성을 잃거나 지금에 집착
♣ 스스로 대화의 단절로 고립을 택할 수 있음
♣ 뭐 하나에 꽂히는 중독 성향을 갖기 쉬움
♣ 본인의 고귀함을 나타내고 싶어 함
♣ 성실하고 진지함

우리 아이가 로열 블루 성향이라면 이렇게 해 주자

🌧 궁금증을 해소하기 위한 질문을 많이 한다. 이럴 때 부모는 한두 번은 잘 답하다가 점차 건성으로 하는 경우가 많은데 그렇게 되면 집요해지고 고집스러우며 완고하게 될 가능성이 많다. 따라서 회피하지 말고 모르는 부분은 모르겠다고 솔직하게 답하는 것이 좋겠다.

🌧 관심 있는 것에는 집중해서 탐구 활동을 즐기는데 너무 과도하게 자기 환상이나 세상에 빠지지 않도록 가벼운 이야기로 환기시키며 안정감을 느끼게 해 주어야 한다.

🌧 자신만의 옳고 그름이 분명하고 자기만의 기준이 있어서 남들의 생각이 자기 기준에서 벗어나면 틀렸다고 생각하고 시시비비를 따지는 경우가 발생하기도 하는데 저마다의 생각이 다를 수 있음을 알려 주는 것이 필요하다. 그래서 점점 서로를 인정해 나가는 폭을 넓히는 것이 좋겠다.

마젠타
세심한 배려

친구들과 모임을 가져 보면 행동마다 먼저 베풀며 챙겨 주는 사람이 있기 마련이다. 밥을 먹으려고 자리에 앉으면 어느새 수저를 놓고 있거나 각자의 물을 따라 주고 있다. 나도 모르고 지나가는 생일을 기억해 놓았다가 축하의 문자를 제일 먼저 해 주거나 작더라도 선물로 마음을 표현하기도 한다. 시키는 일이 아니더라도 자신이 필요한 부분에 알아서 힘이 되고자 나선다. 아무나 할 수 있는 일 같지만 실제는 그렇지 못하다. 학교에서는 많은 학생들 중 마젠타 에너지는 금방 눈에 띈다. 상대가 듣고 싶은 말을 콕 집어서 듣기 좋게 얘기해 준다.

"선생님~ 오늘 유독 예쁘세요."

예뻐서 예쁜 게 아닐 것이다. 그러나 이런 말 한마디에 교사는 수업 시작이 훨씬 가볍다. 상대방을 기분 좋게 해 주는 에너지다. 친구 사이에도 세심한 칭찬이 쉬운 애들이 있다.

"예전에 하고 왔던 별 머리핀 예쁘던데 왜 안 하고 와?"

"그걸 기억해?"

"당연하지, 그걸 어떻게 몰라. 그 핀 꽂았을 때 너 얼굴이 더 블링블링 예뻐 보였어."

"진짜? 알겠어. 다음에 하고 올게."

남들이 알아차리지 못하는 부분도 기억해 알아보고 칭찬해 주는 기분 좋게 해 주는 에너지다.

　　　　　　　　　　　　　　　　　　　　컬러 심리

"교무실에서 준비물 좀 가지고 와야 하는데 누가 할 사람 있을까?"

"제가 할게요."

역시 마젠타가 많다.

"우리 친구들끼리 짝을 정해서 이 활동이 제대로 될 수 있도록 하고 힘들어하는 친구들을 좀 도와주도록 하자."

이런 상황에도 힘든 친구들을 잘 도와주는 애들도 역시 마젠타다. 이렇게 마젠타는 항상 주위의 사람들에게 관심을 가져 주고 미처 생각하지 못하는 부분도 신경 써 주고 세심하게 챙겨 주는 에너지가 있다. 우리에게 이렇게 늘 챙겨 주는 사람이 있는가? 그렇다. 집에 계신 엄마다. 신이 모든 사람에게 다 신경 써 줄 수 없어서 엄마를 내려주셨다고 한다. 그런데 이 엄마만으로도 손길이 부족해서 내려준 컬러가 마젠타다. 우리의 일상에 알게 모르게 신의 손길이 마젠타를 통해서 닿았다고 생각하면 된다.

마젠타가 작은 일에도 감사해하고 남에게 세심하게 챙겨 주고 보살펴 주고 기억해 주는 좋은 점만 있는 것은 아니다. 그림자 면이 드러날 때는 세심하게 잔소리하거나 세심하게 불평불만을 늘어놓기도 한다. 많이 가졌음에도 불구하고 더 가지려 하고, 가지지 못한 부분에 대해 불평하고, 자신한테 잘 대해 주는 사람에게도 더 잘하지 못하는 것에 대해 불만을 가지고 잔소리를 하거나 나무라는 말을 쏟아 내기도 한다. 이 모든 게 세심함의 그림자 면이다.

오지라퍼라는 말을 아는가? 굳이 나서지 않아도 되는 일을 하나도 빼놓지 않고 이 사람 저 사람 일에 다 나서서 신경 쓰는 사람이다. 마젠타는 꼭 경제적으로 넉넉하지 않더라도 누군가에게 더 필요한 곳에 아낌없이 내어 주는 사람들이다. 친구가 마젠타일 경우는 행운이다. 이들은 작은 것에 아주 섬세함을 보이며 위로부터 오는 사랑을 받고 베푸는 사람으로 은총 받은 사람이라 할 수 있다.

어릴 때부터 성격도 굉장히 밝으며 잘 챙기다 보니 인기도 많고 사람들을 감동시킬 줄도 안다. 이들은 내리는 봄비에도, 뜨거운 여름 햇살에도, 한겨울 차가운 칼바람에도 감사함을 아는 이들이다. 마젠타가 감사함을 가지고 있지 않다면 빛을 잃은 태양과도 같다. 이 마젠타의 빛이 잘 빛날 수 있도록 매사에 감사하며 마젠타의 소명이 무엇인지 항상 기억하고 타인의 귀인이 되어 주어 베풂을 행하며 힘들고 지치더라도 다시 일어나서 마젠타의 소명을 다 해 줄 것을 기대한다. 당신이 베푼 호의는 어느 순간 더 큰 호의가 되어 당신에게 돌아올 것이다.

자신감 넘치고 열정적이며 상대의 어려움을 외면하지 못하는 성향의 마젠타에게 좋은 직업에는 각 분야별 전공 의사 및 의료 관련 직종이 있고 감각적이며 일 처리도 빠르고 진취적으로 행동하는 성향의 직업에는 회사원, 무역 관련업, 은행·증권·회계 관련업, 건축 관련업, 자영업이 있다.

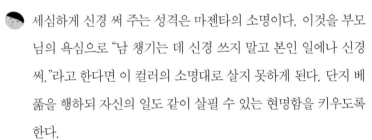

마젠타 성향 특징 한눈에 보기

✦ 외향성, 행동 중심
✦ 매력이 넘침, 주변의 사랑을 많이 받음
✦ 구김 없는 성격, 쿨 한 성격
✦ 굉장히 섬세하게 챙겨 줌, 배려심 많음
✦ 물질적, 정서적 풍요를 가진 자들
✦ 자신감 넘침
✦ 관대하고 수용적인 리더형

우리 아이가 마젠타 성향이라면 이렇게 해 주자

세심하게 신경 써 주는 성격은 마젠타의 소명이다. 이것을 부모님의 욕심으로 "남 챙기는 데 신경 쓰지 말고 본인 일에나 신경 써."라고 한다면 이 컬러의 소명대로 살지 못하게 된다. 단지 베풂을 행하되 자신의 일도 같이 살필 수 있는 현명함을 키우도록 한다.

타인을 위해 내딛는 발걸음을 무거워하며 남에게 원망과 비난을 돌리며 힘겨워 할 때, 마젠타의 힘든 마음을 헤아리고 위로하도록 하자.

"아무나 쉽게 할 수 있는 게 아니야. 너니까 이만큼이라도 할 수 있었어. 이 정도로도 너는 충분히 빛이 나. 네가 자랑스러워."

핑크
사랑 하나면 충분해

친구들과 모임을 가지고 있는 도중 한 친구의 휴대전화가 울린다.

"점심은 메뉴가 뭐야?"

친구의 배우자다.

"응. 그냥 파스타 종류."

"맛있어?"

"그냥 그렇지 뭐."

"누구누구 씨는 잘 있지?"

"응. 잘 있지."

"밥 먹고 어디로 갈 거야?"

"얘기해 보고. 아직 안 정했어."

"그래. 밥 맛있게 먹고 재미있게 놀아."

"알겠어."

"사랑해."

"나도 사랑해."

시간이 흘러 장소를 옮겨서 재밌게 수다가 진행되고 있는 도중에 그 친구의 전화벨이 다시 울린다.

"장소는 옮겼어?"

"응."

"어디로?"

"○○카페에서 차 마시고 있어."

"뭐 마시는데? 커피는 제대로 내리는 곳에 가야 맛있는데, 맛은 어때?"

"괜찮아."

"언제 오는데?"

"저녁 먹기 전에 들어가려고 해."

"알겠어. 얼른 와."

모임의 친구들의 대화 흐름을 깨고 이 친구의 전화에 모두 귀 쫑긋 듣고 있다가 끊고 나면 모두 다 한마디씩 거든다.

"너네도 참 대단하다. 결혼한 지가 언젠데 아직도 신혼처럼 사네. 모임이 있을 때마다 이렇게 전화하더라. 귀찮지 않아? 우리는 나가는 순간 서로 전화는 절대 안 하는데, 올 때 되면 알아서 오겠지 하며 그냥 자기 일하는 거지."

그렇다. 핑크는 사랑을 받고 싶은 게 많다 보니까 이게 얼마만큼 자기한테 오고 있는지에 대한 집착이 있다. 그래서 수시로 사랑을 확인하고 확인되지 않을 때는 더 집요해지곤 한다. 나를 생각하고 있다면 문자를 바로 확인하고 답장이 와야 하거나, 다소 의존적인 모습을 보일 수도 있고 마음이 여리거나 쉽게 상처를 받는 모습도 보인다. 내가 사랑하는 사람이 떨어져 있을 때는 어디에 있는지, 무엇을 하는지, 무엇을 먹고 있는지, 어떤 마음인지를 궁금해하고 모두 알아야 하고 내가 컨트롤할 수 있는 범위 안에 들어와 있어야 하는 것이다.

본인이 사랑을 받지 못하고 있다고 생각될 때는 분노가 일어나고 사랑하는 사람에게 더욱더 집착하게 되며 피해의식을 가져서 본인을 더 힘들게 하곤 한다. 사랑에 실패하면 미련을 오래 가지게 되며 잘 떨쳐 버리지 못하고 분노를 키운다. 이런 마음은 배우자뿐만 아니라 자식에게도 같으며 서로가 컬러가 맞으면 아무렇지 않을 수 있지만, 앞에서 설명한 터콰이즈 컬러처럼 자유를 매우 중시하는 컬러와 만났을 경우는 무척 힘들 수 있다. 집착은 지나간 추억이 있는 물건도 잘 버리지 못한다. 남녀 간에 사귀다가 헤어지는 경우도 마찬가지다. 툴툴 털고 새로운 만남을 향해 나아가는 것이 많이 힘들다. 옛 애인에 대한 미련을 얼마나 오랫동안 안고 가는지 옆에 사람이 오히려 조언할 정도다. 이렇게 새로운 사랑을 채워줄 누군가 없을 때 사치를 하게 될 수도 있으니 조심하는 게 좋겠다.

이렇게 보면 핑크가 마치 안 좋은 컬러처럼 여겨지나 지금까지는 핑크의 그림자 면을 얘기한 것이고 실제 핑크는 사랑이 많고 타인을 포용하며 부드러움을 가지고 있으며 다소 여성적이고 감성적이며 로맨틱하며 공감력이 뛰어나다. 배우자나 자식, 부모에게 모두 자상한 모습을 보이고, 조건 없는 보살핌과 양육의 에너지가 풍부하다. 핑크는 이성에게 끌림을 주는 에너지다. 가만있어도 자기를 좋아해 주는 이성이 끊이지 않는 경우도 있고 미모가 출중하게 태어났을 수도 있으며 가족에게 또는 이성에게 귀한 대접을 받거나 귀하게 자랐을 수도 있으며 '나는 귀한 대접을 받아야 하는 사람이야.'라고 스스로 공주나 왕자의 포지션을 취하는 사람일 수도 있다. 핑크는 사랑에 끌려가는 에너지라서 상대가 원하는 대로 자기를 맞추거나 행동을 바꾸는 등 은연중에 사랑받고 싶은 본인의 내면을 나타내는데 이는 사랑에 실패하지 않기 위해서 하는 행동들이다. 상대가 원하는 말을 잘해 주어 자기를 예뻐하게끔 한다. 그러다 보니 실제 속마음을 쉽게 나타내지 않는 편이다. 쉽게 얘기했다가 상대가 싫어하면 어떡하냐에 대한 두려움이 있다. 사랑을 위해 사는 컬러. 현대에 누구나 가지고 싶어도 쉽게 허락되지 않은 컬러다. 당신에게 핑크가 있다면 그 매력 그대로 충분히 사랑하고 즐기며 인생을 아름답게 꾸며 가기 바란다.

핑크 성향 특징 한눈에 보기

♣ 수용적, 부드러움
♣ 용서와 포용
♣ 집착, 무조건적 사랑
♣ 양육과 보살핌 에너지
♣ 상대가 원하는 대로 맞춤
♣ 삶의 즐거움을 누리는 여유
♣ 로맨티스트

우리 아이가 핑크 성향이라면 이렇게 해 주자

사랑이 너무 많은 아이다. 사랑하는 마음을 그대로 잘 표현할 수 있도록 지켜보면서 단지 누군가에게 주는 사랑과 베풂이 뭔가를 바라고 행하지 않도록 일깨워 주자. 그런 사랑은 핑크 본연의 빛이 아니며 거래에 지나지 않는다. 굳이 확인하지 않아도 사랑받고 있음의 안정감을 평소에도 느낄 수 있도록 하자.

2장

———

테라피 컬러

공명 & 끌리다

    컬러 공부를 하고 난 다음부터는 TV 프로그램에 나오는 연예인의 행동 패턴이나 즐겨 입는 옷 색깔, 그의 집을 꾸미고 있는 컬러, 현재 그들의 마음의 변화에 대한 인터뷰 등을 눈여겨보기 시작했다. 아무래도 쉽게 접할 수 있어서 그런 것 같다. 그중 더 눈길이 가는 프로그램이 〈나 혼자 산다〉이다. 한 번은 거기에 나오는 기안84라는 만화가가 자신의 개인전을 하기 위해 고군분투하는 장면이 나온다. 작품에 빠져, 시간에 쫓기며 예술을 위한 외로운 길을 걷는 듯했다. 드디어 작품 전시회를 하는 날 나는 그의 그림을 보고 그의 힘들었던 마음을 읽을 수 있었다. 그림이 온통 파란색이었다. 후배가 와서 물었다.

    "형, 그림이 왜 이렇게 다 파래요?"

    "글쎄…. 그냥 좋아서 썼는데."

    그렇다. 그냥 좋아서 썼다가 답이다. 그 이후 이 사람은 병원에 가서 진료를 받는 장면이 나오는데 마음이 많이 힘들어서 가게 되었을까? 의사는 진단을 내려준다.

    "이제 전시회도 끝났으니 무거운 짐을 좀 내려놓고 사람들과 소통을 하도록 하세요."

    "소통이요? 그러고 보니 제가 힘들 때 마음 놓고 불러내서 얘기할 사람이 없는 것 같아요."

이 사람은 전시 준비를 하는 동안에도 누군가와 이 힘든 상황을 나누고 싶은 마음이 간절했을 것이다. 이렇게 누군가 소통하고 싶은 마음이 간절할 때 나오는 우리 몸의 주파수가 있다. 이 주파수는 파란색 컬러 주파수와 공명한다. 같이 울리기 때문에 그 순간 나도 모르게 이 컬러에게 끌리게 되어 있다.

예전에는 컬러의 영역이 오직 색칠을 위한 수단으로만 사용되어 지금의 컬러 심리학의 발전이 늦어질 수밖에 없었다. 심리와 연관된 또 다른 화가의 그림을 살펴보자. 우리가 잘 아는 화가 빈센트 반 고흐가 있다. 이 화가의 참 많은 작품 중 〈해바라기〉, 〈아를의 침실〉, 〈노란 집〉, 〈아이리스〉 등은 옐로 컬러가 더욱 많이 사용되었다. 왜 이렇게 고흐는 옐로를 많이 사용했을까? 그 사람의 심리적 상태는 어떠했길래 그럴까? 위에서 말한 기안84처럼 고흐도 옐로의 주파수와 공명하는 마음의 상태가 아니었을까?

우리가 친구에게 휴대폰으로 전화번호를 누르는 순간 내가 쏜 번호의 주파수가 공중을 떠다니는 무수한 주파수 중에서 같은 주파수와 공명을 할 때 그 친구의 전화벨이 울릴 수 있는 것이다. 주파수의 공명은 그러하다. 끌어당긴다. 우리는 생활 속에서 또 다른 끌림을 많이 받는다. 처음 보는 사람들 모임에서 왠지 모르게 눈길이 가는 사람이 있고, 백화점의 많은 옷 중에 유독 나를 끌어당기는 옷이 있을 수도 있고, 집 안 인테리어를 위한 가구나 소품을 살 때 나를 부르는 것 같은 느낌도 받을 수 있고, 기분에 따라 듣고 싶은 음악이 다르거나, 유독 끌리는 향이 있거나, 오늘따라 빨간 떡볶이가 당길 수도 있다. 이렇듯 우리는 이미 생활 속에서 컬러의 끌림, 주파수의 공명에 점령당하고 있었지만 인지하지 못했을 뿐이었다. 이제 이 컬러 주파수의 거부할 수 없는 끌림에 대해 알아보도록 하자.

테라피 컬러 이해

테라피(Therapy)는 치료, 요법을 말한다. 컬러 테라피스트라는 직업으로 활동하고 있는 사람들은 컬러가 가지고 있는 치유의 에너지를 잘 활용하여 개인의 삶을 더 풍요롭게 하는데 기여한다. 물론 테라피스트별 조금씩의 차이가 있기도 하다. 내가 하고자 하는 컬러 라이프 가이드(Color Life Guide)라는 직업은 본인이 가지고 있는 탄생 컬러 및 현재 사용하고 있는 컬러의 에너지와 진로를 연계해서 안내하고 치유를 위해 활용해야 하는 컬러의 다양성을 알리며 어떤 상황에서, 어떠한 방법으로 취하여 우리가 더 행복해지고 평화로워질 수 있는지를 고민하게 하고 가장 좋은 방법을 안내해 드리는 역할을 한다. 그 영역 안에 색채 심리 조향사는 향기와 아름다운 추억을 매개로 하여 현재의 힘든 마음을 치유하게 한다.

주위를 둘러보면 너나 나나 할 것 없이 모두 마음의 병이 조금씩은 있는 것 같다. 믿었던 사람에게 배신을 당해서 힘들거나 많은 사람들과의 관계에서 상처받는 일이 많다든가 어릴 적 겪은 나도 모르는 트라우마가 항상 발목을 잡는다든가, 이별을 하고도 받아들일 수 없어 오랫동안 놓지 못해 힘들어하거나 정말 힘든데 괜찮다고만 하고 있는 등 말을 하지 않고 있을 뿐이다. 뉴스에 떠들썩하게 나오는 큰 사건의 범죄자들에게 우리는 쉽게 "제정신이 아니네."라는 말을 내뱉는다. 그러나 요즘 시대를 살아가며 누가 누구한테 제정신 아니라는 말을 할 수 있을까? 어떤 범죄자는 90% 제정신 아니고, 어떤 사람은 50% 제정신 아니고, 또 누군가는 5% 제정신 아닌 것처럼 경미함만 따질 수 있을 뿐 우리는 모두 완벽하지 않다는 것을 말하고 싶다. 마음의 상처나 아픔은 모두 가지고 있다. 작은 상처가 점점 큰 상처로 발전될 수 있기 때문에 작더라도 우리는 가볍게 여겨서는 안 된다. 주변 생활에서 쉽게 취할 수 있는 컬러로부터 여러분의 가벼운 마음의 상처부터 위로받을 수 있기를 바란다. 앞에서 언급했듯이 현재 마음 상태의 주파수와 공명되는 컬러의 주파수로 나를 좀 더 정확히 들여다보자.

컬러를 통한 테라피는 언제부터 시작되었을까? 컬러는 빛이라고 했다. 고대에는 아프거나 다쳤을 때 마땅한 치료 방법이 없었기 때문에 햇볕을 쬐게 했다고 한다. 지금으로 보면 살균, 소독이었을 것이다. 피를 많이 흘리면 동물의 간을 먹게 했다. 간이 붉은색이어서 피가 모자라니 같은 종류의 붉은색을 취했을 가능성이 있다. 이렇게 시작한 컬러의 활용을 괴테가 학문적으로 다루면서부터 컬러의 연상 이미지와 상징성 연구가 체계화되었다.

컬러에 대한 민감성은 여성이 남성보다 뛰어나다. 원시시대 남자는 멀리 있는 맹수와 먹이를 구별하는 능력을 키운 반면 여자는 식량을 찾아내고 그게 먹어도 되는 건지를 판별하는 기술, 즉 나무에 달린 과일이나 덤불 속의 열매를 금방 발견하는 대조 감지 능력이 컬러의 민감성 발달을 더 키우는 이유가 되었다. 빛이 우리 눈으로 들어와서 추상체를 거쳐 뇌로 정보를 보내 색에 대한 감각을 만들어 내는데 추상체는 일반적으로 3가지 정도를 가지지만 어떤 여성은 유전자 변이로 추상체 4가지를 가져서 하늘을 한 번 올려다봐도 한꺼번에 수십 가지의 색을 인지한다고 한다.

바실리 칸딘스키(1866~1944) 러시아 추상 화가는 "색채는 우리를 즐겁게 하거나 우울하게 만들 수도 있고, 기운이 솟게 하거나 피곤하게 만들 수도 있고, 우리를 지루하게 하거나 차분하게 해 줄 수도 있고, 우리에게 만족 또는 절망을 선사할 수도 있고, 우리를 불편하게 하거나 행복하게 할 수도 있다."라고 말했다. 칸딘스키의 공감각적 이해는 현대 색채심리학 이론과도 맞닿는다.

색채심리학에서 태양의 빛인 옐로는 우리에게 행복과 기쁨을 채워 주고, 나무가 가득 찬 숲의 그린은 우리에게 평화와 고요의 느낌을 주며, 비가 오는 날의 그레이는 우울한 느낌으로 부침개가 생각나게 한다. 이 모든 것들은 우리의 몸과 색채가 유기적으로 연결되어 있음을 말해 준다. 생각이 부정적이면 부정적인 주파수와 공명되는 컬러와 연결되고 몸에서도 반응이 일어난다. 우리는 이러한 관계를 잘 알고 문제의 해결을 위해 컬러의 세계로 한 걸음씩 나아가는 연습을 해 보도록 하자.

참고

추상체란 우리 눈에 있는 광수용체(빛을 다른 에너지로 변환시키는 화합물 총체)로서 뇌로 정보를 보내 색에 대한 감각을 만들어 내는 기관이다.

4색형 색각이란 망막 원추세포가 여분으로 하나 더 있어 색깔을 구별하는 능력이 아주 뛰어난 경우로 보통 사람은 3색형 색각인데, 한 연구에 따르면 여성의 2퍼센트에서 3퍼센트가 이러한 놀라운 색채 인식 능력이 유전되는 것으로 나타났다. 신기하게도 우성과 열성 유전자의 조합로 인해 색맹인 남성의 어머니와 딸은 4색형 색각일 확률이 높다.

이쯤 되면 '컬러가 진짜 무슨 에너지가 있겠어?', '끼워 맞추기 아니야?' 라고 생각하는 사람이 있을 수 있어서 컬러가 에너지를 가지고 있다는 과학적 근거를 얘기하고자 한다.

태양으로부터 내리는 빛은 감마선, X선, 자외선, 가시광선, 적외선, 초단파, 라디오파의 종류로 나누어진다. 이는 파장이 짧은 것부터 긴 것까지 있으며 파장의 길이에 따라 주파수가 달라지고 그 주파수마다 서로 다른 에너지를 가지고 있음을 연구를 통해 알아냈다.

감마선은 우주에서 가장 강력한 전자기파로 우주 폭발이 일어날 수 있는 엄청난 에너지가 있다. X선은 쉽게 접할 수 있는 에너지로 병원에서 가슴 사진을 찍을 때 활용되는 빠르게 물체를 충돌시킬 때 투과력을 가지는 에너지다. 자외선은 가시광선의 보라색 바깥 선으로 살갗을 태우고 해로움을 주는 전자기파로 살균이나 소독에 활용된다. 적외선은 가시광선의 빨간색 바깥 선으로 강한 열작용을 가져서 공업용으로도 사용되거나 병원에서 적외선 치료에도 사용된다. 초단파(마이크로파)는 레이더나 와이파이, 전자레인지 등에 사용되는 에너지다. 라디오파는 라디오나 텔레비전의 전파에 사용되는 에너지다. 마지막으로 가시광선은 눈으로 볼 수 있는 광선으로 빨, 주, 노, 초, 파, 남, 보의 무지개색이 바로 우리가 지금 얘기하려는 컬러의 종류다. 위에서 가시광선을 제외하고 모두 엄청난 에너지가 있다는 것을 설명했다.

그럼 모든 빛이 이렇게 다양한 에너지를 가지고 있는데 가시광선이 아무 에너지가 없을까? 이것이 포인트다. 가시광선이 단지 눈에 보인다는 이유로 에너지를 연구하고 활용하는 것보다 예쁘게 색칠하고 꾸며서 아름다움을 표현하는 용도로 사용하는 것에 더 많은 무게를 갖는 것이 사실이다. 그래서 고대에서부터의 빛의 활용이 현대 색채심리학으로 자리를 잡기까지 다른 학문에 비해 늦게 출발했다고 볼 수 있다. 현재는 컬러의 에너지가 의학 분야 및 기타 분야에 다양하게 활용되고 있다.

TV 홈쇼핑에서 판매하는 물건 중 얼굴에 가면처럼 쓰고 3가지 색깔 광선 중 하나씩 선택해서 마사지를 하는 물건을 본 적 있는가? 붉은색, 푸른색, 보라색 빛이 각각 어디에 좋다며 열심히 홍보하였다. '저기서 나오는 빛으로 무슨 피부가 좋아지겠어?', '블루 라이트'를 선택하면 여드름이 낫는다고? 말이 돼?' 많은 사람들 중 나처럼 생각한 사람들이 꽤 있었을 것이다. 그러나 컬러 공부를 한 지금은 100% 이해되고 믿음이 있다. 가시광선에는 에너지가 있는데 각 컬러별로 다른 주파수에 다른 에너지를 가지고 있어서 치유나 치료에 활용할 수 있다. 컬러로 보이지만 실제는 그 컬러마다의 주파수(진동수)로 치료하는 것이라 보면 되겠다.

이런 컬러 에너지가 우리 몸에 어떻게 들어와서 어떤 방식으로 적용되는지 자세히 알아보도록 하자. 빛이 컬러라는 것은 계속 얘기해 와서 이제 모두 알 것이다. 그럼 컬러는 모두 다른 주파수를 가지고 있는 것도 알고 있다. 그렇다면 결국 우리는 주파수마다 가지고 있는 다른 에너지를 받는 셈이다. 이 에너지는 우리 몸의 시각, 청각, 촉각, 후각, 미각으로 받을 수 있다.

시각으로는 좋아하는 컬러로 이루어진 인테리어나 눈으로 볼 수 있는 다양한 환경들에서 시신경을 통해 전달받는 에너지다. 자주 접할수록 에너지를 더 많이 느끼게 되는 것이다. 청각으로 받아들이는 에너지는, 컬러가 주파수를 가지고 있으므로 그에 해당하는 주파수를 가진 음을 듣고 명상하는 방법이다. 싱잉 볼 명상이나 자신의 마음의 주파수와 맞는 음악 듣고 치유하기 등이 있다. 촉각으로 에너지 받기는 주로 피부와의 접촉을 통해 전달되는 것이기 때문에 컬러 옷이나 장신구를 하거나 아로마 테라피 마사지를 받는 방법 등이 있다. 후각으로는 자연에서 채취하는 천연향(에센스 오일)이 저마다의 주파수로 마음을 진정시키거나 사랑의 마음이 생기도록 하는 등의 에너지를 가지고 있어 디퓨져나 향수를 사용하는 방법이 있다. 마지막으로 미각이다. 삼시 세끼 먹는 음식들에도 몸에 주는 에너지가 다 다르기 때문에 골고루 친환경으로 섭취하는 것은 매우 좋은 에너지다. 거기에다 좀 더 마음의 치유를 위한 방법으로 컬러 꽃차 마시는 방법을 소개한다. 우리는 이 색다른 에너지들을 오감을 통해 흡수하여 자신 안으로 가져와서 생명력과 진동을 증가시켜 우리 몸의 주파수를 높여 보자.

컬러 이야기

레드

 2002년 월드컵 경기의 그 열기를 요즘 청년들은 잘 모를 수 있지만 그 당시 서울 시청 광장을 가득 메운 붉은 옷들의 물결이 우리를 흥분의 도가니로 만들었다. 붉은 악마를 상징하는 레드 컬러를 사용한 것은 열정을 끌어올리기에 충분했다. 축구 대표 선수들도 레드 유니폼을 입고 뛰면 훨씬 더 좋은 성적이 나온다는 느낌 때문에 흰색 유니폼도 있었지만 입기를 다소 꺼려 했다고 한다. 상상을 해 보라. 단순하게 비교하는 것이지만 붉은색 군중이 지르는 함성 및 파도타기 등의 에너지를 모으는 것과 푸른색이 똑같은 행동을 하는 것 중에 어느 것이 더 열정적으로 느껴지는가?

 우리가 잘 알고 있는 스페인 투우 경기는 투우사가 붉은색 천을 휘두르면 그 천을 보고 소가 달려들어 들이받는 경기다. 흔히 소가 붉은색을 보고 흥분하여 돌진하는 것으로 잘못 인식하고 있는 경우가 있는데 소는 색맹이어서 색을 구별할 수 없고 단지 흔들거림에 반응을 하는 것이다. 그런데 왜 굳이 붉은색의 천을 쓰느냐는 관중을 흥분시키기 위함이라는 설이 있고 투우사와 황소의 피를 가려 주기 때문에 사용한다는 설이 있다.

크리스마스가 되면 무슨 색이 떠오르는가? 빨강과 초록일 것이다. 산타클로스가 입고 있는 빨강은 언제부터 시작되었을까? 4세기경 주교 성 니콜라스가 빨간색과 초록색 옷을 입은 모습이 종종 묘사되어 거기에서 유래되었다고 보고 있다. 세월이 흘러 다양한 색의 옷을 입은 산타가 등장했지만 19세기에 들면서 빨강이 공통으로 자리 잡게 되었다. 오늘날의 산타의 빨간색 옷을 입은 모습은 스웨덴 출신의 일러스트레이터인 헤이든 선드 블롬으로 코카콜라사에 기용되어 광고 제작에 참여하여 완성한 작품이다. 우연의 일치인지 몰라도 코카콜라의 브랜드 이미지와도 너무 잘 맞아떨어져 자연스럽게 홍보가 되었다. 따라서 빨간 산타가 코카콜라사의 작품이라는 말이 돌았지만 아직도 의견이 분분하다.

지금의 내 나이 이상의 사람들은 아마 빨간 내복을 입지 않고 자란 사람은 거의 없을 것이다. 이 빨간 속옷의 시작은 어느 신장개업한 백화점에서 빨간 속옷을 사 입으면 운수 대통한다는 소문을 퍼뜨렸고 이것이 그 당시 뉴스까지 나오게 되면서 더욱 퍼지게 되었다. 원래 동·남해안에서 배가 들어올 때 만선의 의미로 붉은 돛을 달았는데 그것이 길상으로 알려지면서 시작되었다. 부산진역을 중심으로 개점한 가게에서 붉은색 옷을 사면 운이 좋다는 이야기를 백화점에서 마케팅에 활용한 것으로 보인다. 그래서 첫 월급을 타면 부모님에게 붉은 내의를 사드리던 풍습까지 생겼던 것일까? 그러나 전혀 상관없이 만들어 낸 것은 아니다. 붉은색이 가지고 있는 에너지를 십분 활용한 좋은 마케팅이라고 여겨진다.

레드는 정시, 금시, 위험, 경고, 긴급, 태양, 불, 피, 정열, 흥분, 직극성, 광기, 화, 긴박함, 속도감, 정열적 사랑, 식욕 등의 상징성을 가지고 있다. 이 상징성을 회사의 로고나 물건의 홍보에 활용한다. 한국도로공사, 코카콜라, 유튜브, 우체국 마크나 심볼 등이 레드의 좋은 예다.

요즘 TV에도 CF를 보면 컬러마케팅을 하고 있다는 느낌을 받는 홍보물이 꽤 된다. 컬러에 대해 알고 봐서 그런지 전혀 컬러와 내용물이 맞지 않는 물건들을 보면 피식 웃음이 나오곤 한다. 레드는 파장이 크기 때문에 에너지가 높은 파장의 빛을 많이 흡수하게 되는데 이로 인해 빨간색 염료가 더 빨리 광분해가 일어나 시간이 지날수록 흐릿해진다. 이러한 현상은 예전에는 빨간색의 경고 문구나 색칠한 간판 등에서 많이 볼 수 있었으나 점차 사라져 지금은 잘 볼 수 없다.

컬러는 심리적으로 긍정적 에너지와 부정적 에너지의 의미를 모두 가지고 있는데 긍정적 에너지는 따뜻함, 열정, 용기, 활기, 야망, 흥분, 남성성, 정력, 체력, 성욕 등의 육체적 에너지, 생존과 관련 있고, 부정적 에너지는 분노, 짜증, 피로, 공격성, 반항심, 탐욕성, 무기력 등이 있다.

색채 중에서 가장 자극적이며 감정을 고조시킨다. 앞서 탄생 컬러에서 언급했듯이 레드를 가지고 태어나는 사람은 즉흥적이고 화도 많고 정열적이며 부지런하고 돈을 향해 달려가는 에너지가 강하고 성격도 급한데 이런 것들이 레드의 본래 주파수와 통하기 때문이다. 레드는 620nm~750nm의 파장을 가지며 주파수가 가장 낮은 에너지로 우리 몸의 에너지 중심점을 표현한 차크라에서 보면 음부부터 그 아랫부분의 하체까지 관여한다.

에너지를 받아들이는 곳이기도 하지만 몸 안의 기운이 빠져나가는 곳이기도 하다.

레드 에너지가 넘친다는 것은 하체를 움직이게 하는 에너지가 많다는 것이므로 가만히 있지 못하고 돌아다녀야 하거나 생각하기도 전에 몸이 먼저 움직이게 하거나, 주파수가 낮으므로 정신세계의 지배보다 원초적인 지배를 먼저 받는다는 것을 의미한다. 그래서 돈이나 눈에 보이는 물질세계에 관심을 가지며 부지런히 활동하며 움직이게 하고 밀어붙이게 하는 에너지를 가지고 있다. 건강한 레드를 가지면 삶에 대한 의지가 강하고 힘이나 활력이 넘치고 레드 에너지가 막히거나 원활하지 않으면 생기가 없어지고 현실 감각이 떨어지게 된다.

오렌지

1990년대 오렌지족이라는 말을 아는가? 이 말은 강남에 부유층 자녀들이 압구정 일대에 둥지를 형성하며 다른 사람들과 구분 짓기 위해 스스로 붙인 이름이다. 수입 오렌지처럼 나긋나긋하고 품위 있다는 뜻이라고 하는데 부모님이 이뤄 놓은 재산으로 본인이 쉽게 사용하며 비싼 차를 타고 다녔다. 실제 오렌지를 들고 다니며 마음에 드는 이성을 만나면 오렌지를 건네주었는데 받으면 사귀게 되었다고 한다. 이들의 유일한 고민거리는 남들과 다른 특별한 재미를 찾는 것이었다고 한다.

오렌지족의 부모 세대는 갑자기 부자가 된 사람들이라 자기들이 하지 못했던 어떤 풍요로운 삶 또는 신나는 삶, 세련된 삶에 대한 동경 등을 자식들이 누리길 원했다고 한다. 그러나 돈을 제대로 잘 쓰는 방법을 몰랐던 이들은 풍요와 방탕을 누리며 마약에 중독되고 탈선에 빠져 헤어 나오지 못하는 사례가 나오면서 사회 문제를 일으키는 부류로 전락한다.

한때는 서울랜드에서 가족을 위한 공간이라는 의미를 해친다는 이유로 이들의 입장을 제한하기도 했다. 말 꼬랑지 머리를 한 남자, 외 귀고리만 한 남자, 일부러 우리말을 서툴게 하는 남자, 20대이면서 외제 고급 승용차를 타고 다니는 사람, 영어 반 우리말 반 섞어 쓰는 사람 등 이렇게 입구에 입장 불가 안내문을 내걸었다. 그 당시 압구정은 퇴폐, 향락의 대명사처럼 불렸었는데 1994년 성수대교가 붕괴되면서 이동이 원활하지 않아 서서히 사라지고 성수대교가 재건되고 난 이후에는 보행자 중심의 젊음의 거리로 탈바꿈하자는 움직임으로 지금의 압구정 로데오 거리가 탄생하게 되었다.

'오렌지족'은 이후 소비적 문화에 열중하는 철부지 성향이라는 의미를 가지게 되었다. 이것이 오렌지 컬러와 무슨 연관이 있겠나 싶을 수도 있는데 내가 젊었을 그 당시는 이 단어를 들을 때 잘 몰랐다. 나와 상관없는 세상의 일이어서 사실 관심이 없었다. 그러나 지금 생각해 보면 이 컬러의 '향락적'이라는 의미를 알고 지었나?라고 생각할 만큼 요즘 젊은이들이 하는 말로 '참 찰떡이다' 싶다.

2023년 현재 1년째 우크라이나와 러시아가 전쟁 중이다. 이 전쟁의 실질적 원인이라 볼 수만은 없지만 2004년 우크라이나 대통령 선거 때 야당을 상징하는 색이 오렌지색이었고, 여당의 부정 선거를 규탄하여 결국 재선거를 치르게 해서 정권을 잡을 수 있게 시민과 더불어 혁명을 일으킨 것이 '오렌지혁명'이다. 이때 시위자들은 오렌지색의 옷을 입거나 목도리를 걸치고 오렌지색 깃발을 휘두르며 온통 오렌지의 물결을 이루며 전 세계인들의 이목을 집중시켰다. 여당의 친러 정책을 경계하던 서방은 이 '오렌지 혁명'을 구소련의 권위주의 정권을 교체한 민주주의 시민 혁명으로 높이 평가했다. 이를 계기로 오렌지 컬러는 '혁명'이라는 상징적 의미를 더욱 확고히 가지게 된다.

우리가 명품이라고 부르는 에르메스는 다른 브랜드들이 잘 시도하지 않는 오렌지 컬러가 시그너처이다. 나는 오렌지가 가지고 있는 상큼, 발랄, 사교적인 의미를 부여해서 이 컬러로 정했는가 싶었으나 처음부터 에르메스가 이 컬러로 시작한 것은 아니었다고 한다. 원래는 크림색의 상자에 담았는데 2차 세계대전 이후, 염료가 비싸고 부족했던 시기라 천연 가죽 색과 가장 흡사한 색이 오렌지색이었고 제일 쓸모없어 남아돌던 주황색을 가장 저렴한 가격에 쉽게 구할 수밖에 없어서 사용하게 되었다고 한다. 그러나 오히려 고객들의 반응이 좋아서 지금까지 심벌과 로고 등에도 계속 주황색을 쓴다. 오히려 가끔씩 클래식 제품이나 한정 판매 제품 등의 이벤트성으로 크림색 상자에 담는 경우가 있는데 이제는 에르메스=주황색이 아니라 주황색=에르메스가 될 정도로 상징화되어 명예, 야망, 성취, 힘, 성공 등의 의미를 가지게 됐을 정도다.

오렌지, 주황색은 과일 이름이 컬러로 유일하게 사용되고 있는 것으로 서양에서 주황색을 따로 구별해서 사용하지 않다가 약 200년 전부터 비로소 오렌지라는 이름으로 사용하게 된 컬러다. 이 컬러는 약동, 활력, 만족, 적극, 명랑, 친근, 주목성, 사교적, 의욕적, 즐거움, 안전, 식욕 증진, 활동적이라는 상징성을 가진다. 음료 환타, 에르메스, 제주항공, 던킨도넛 등에서 사용되는 로고나 심벌이 좋은 예다. 이러한 상징성을 가지고 회사나 기업에서 다양하게 홍보에 활용하고 있다. 가장 많이 사용되는 상징성은 상큼, 발랄, 활발 등일 것이다. 여자 걸그룹에도 예전에 '오렌지 카라멜'이라고 있었지 않은가, 아마 그런 의미를 내포하지 않았을까 생각한다.

오렌지는 앞서 말했듯이 레드의 신체 활동과 옐로의 감정과 연관되어 있다. 레드의 힘에 행복과 명랑한 감정이 합쳐진 긍정적 에너지로는 따스함, 친근, 재미, 장난스러움, 풍요로움, 사교적, 쾌활, 재치, 미소, 긍정적, 자유로움, 변화, 혁신, 활력 등이 있다. 장난기를 한껏 머금은 어린아이 같은 에너지라고 볼 수 있다. 부정적 에너지로는 두려움, 소심함. 수줍음, 싸구려, 유치, 경솔, 촌스러움 등이 있다.

오렌지는 590nm~620nm의 파장을 가진 레드 다음으로 긴 파장을 가졌으며 차크라의 단전 부분 즉 생식기, 엉덩이, 방광, 신장, 자궁, 배설기 등의 신체의 에너지에 관여한다. 자신이 이 세상에 살아가기 위한 생존 본능의 에너지를 필요로 할 때 우리는 단전, 흔히 아랫배에 힘을 순다고 한다. 우리는 사회에 발을 들여놓으면서부터 수많은 선택의 과정을 경험하게 된다. 쉽게는 '오늘 뭐 먹지?'부터 크게는 결혼, 취업 등의 결성을 해야 할 때가 있는데 그때마다 눈앞에 놓인 선택을 힘들어하거나 잘못된 선택을 하는 경우는 이 단전의 오렌지 에너지가 충분히 발휘되지 못해서인 경우가 많다. 또는 또래 집단에서 싫어하는 아이를 왕따시키거나 유난히 남을 괴롭히는 사람도 이 차크라에 장애가 있을 수 있다. 생식기를 지배하기 때문에 성적인 에너지와 생명 창조의 힘을 가지고 있는데 요즘 불임 부부가 늘어나고 있는 것도 어쩌면 이 창조 에너지가 고갈되고 있기 때문이 아닐까 생각한다.

우리는 큰일을 당해도 헤쳐 가는 힘과 용기가 있는 사람을 베짱이 두둑하다고 말한다. 그 베짱이 이 단전의 힘이다. 해마다 올해는 꼭 이루리라고 생각하는 목표들이 있을 것이다. 그러나 이내 작심삼일이 되고 마는 것이 다반사다. 힘을 잃지 않고 밀어붙일 수 있는 에너지, 이 단전의 오렌지 에너지를 잘 활용하면 좋겠다.

옐로

노란색 하면 제일 먼저 생각나는 것은 우리 아이들이 타고 다니는 스쿨 버스다. 또한 유치원 모자, 노란 체육복, 노란 가방, 노란 우산, 비옷 등도 같은 느낌으로 떠오른다. 우리는 노란색을 병아리색이라고도 부르며, 병아리의 작고 귀여움의 이미지가 색깔에 그대로 들어가서 매우 사랑스럽고 행복을 가져다주는 느낌이 든다.

스쿨버스는 언제부터 노란색을 사용하게 되었을까? 시작은 알 수 없지만 여러 가지 색들을 제각각 사용하고 있던 것을 1939년 미국에서 표준화시켰다. 왜 노란색이었을까? 다양한 백색광 성분 중 최고 파장을 가지고 있는 빨간색이 멀리서도 가장 잘 보이기 때문에 빨간색 버스를 사용할 수도 있는데 노란색이 된 것은 다른 색(다른 차량) 사이에서 가장 눈에 잘 띄어 운전자가 쉽게 구분할 수 있어 사고 위험이 낮기 때문이다. 같은 위치에서 시각적으로 배경색보다 더 앞으로 튀어나올 것 같은 가까이 있는 듯한 느낌을 주는 진출 색으로 주변 다른 색상보다 빠르게 주의를 끈다.

노란색은 망막 위에서 넓게 퍼지는 성질이 있어서 색채 중에서 가장 크게 보인다. 그래서 우리는 눈앞에 있는 물체에 집중할 때 노란색에 더 민감하게 반응하게 된다. 정면이 아닌 주변의 노란색까지도 놓치지 않는 것은 이 때문이다. 노란색보다 더 빨리 눈에 띄는 색상은 오렌지색과 조합인 골드색이다. 빨강은 어두운 곳에서는 더 어둡게 보이고 노랑은 어둡거나 안개가 낀 시야가 확실하지 않은 환경에서도 다른 색보다 멀리까지 잘 보여서 운전자의 주의를 잘 끌기 때문에 노란색이 어린이용 버스에 가장 적합하다. 이 점을 잘 이용한 것이 경고 표지판, 중앙선 등으로 주의를 기울일 수 있도록 하고 있다.

2014년 4월 다시 못 올 곳으로 떠난 세월호의 아름다운 영혼들을 기리며 매단 노란 리본을 기억하고 있을 것이다. 우리는 이 노란 리본이, 떠난 영혼을 기리는 추모 의식과도 같았지만 사실 이 노란 리본의 유래는 따로 있다.

영국 시민전쟁(1642~1651) 당시 청교도 군대가 노란 리본과 띠를 두르고 전쟁터에 나갔고 이에 전쟁에 참여하는 남편을 둔 아내나 가족들이 나무에 노란 리본을 묶고 부사 귀환을 바라며 기다린 것에서 유래되었다. 이후 노란 리본을 착용한 여성에 대한 노래가 청교도인들에 의해 미국으로 전해졌고 그 이후 19세기 미국 남북전쟁(1861~1865) 당시 3년간의 형기를 마치고 출소할 한 남자가 애인에게 자신을 잊지 않았다면 돌아갔을 때 떡갈나무에 노란 리본을 달아 달라는 부탁을 담은 편지를 썼다. 그 편지에 대한 답으로 여자는 돌아올 남자를 기다리며 떡갈나무에 노란 리본을 잔뜩 달아 놓았다고 전해지는 이야기를, 1973년 토니 올랜도와 돈이 노래로 만들었는데 〈Tie a Yellow Ribbon Round The old Oak Tree(늙은 떡갈나무에 노란 리본을 달아 주오)〉다. 이 팝송은 이후 멀리 있는 사람을 그리워하고 기억하는 상징이 됐다. 이 노래는 곧바로 한국으로 건너와 지금은 작고한 '현이와 덕이' 남매가 번안해서 부르며 크게 인기를 얻었었다. 아마 누구라도 들어 보면 '아~ 이 노래가 그 노래구나.'라고 알 수 있을 것이다. 노란 리본은 이렇게 의미가 만들어졌다.

2019년도 코로나19가 유행되기 바로 전에 스페인의 바르셀로나를 여행하다가 곳곳에 걸려 있는 노란 리본을 보게 되었다. 거기에 노란 리본은 또 다른 의미가 있었다. 2017년 카탈로니아 지역에서 자체적으로 분리 독립 투표를 진행해서 90% 넘게 나오면서 분리 독립을 선포해 버린다. 물론 스페인 정부가 허용할 리가 없었고 당시 독립을 주장한 정치인들과 운동가 등에게 형을 선고하기도 하여 이후로 그들의 석방을 요구하며 더 나아가서는 카탈로니아의 분리 독립을 지지하는 표현으로 노란 리본을 사용하였다. 지금도 진행 중인 남의 나라 얘기라 쉽게 평가하기 어렵지만 어쨌든 바르셀로나의 대부분의 사람들은 그 지역에서 벌어들이는 수입의 대부분으로 경제 상황이 좋지 않은 스페인의 다른 지역까지 먹여 살려야 하는 게 싫다는 지역 이기주의에서 시작했다는 점에서 노란 리본을 우리와 같은 시각에서 바라볼 수 없는 불편한 상징성을 가지고 있다.

우리가 즐겨 먹는 중화요리집 노란 단무지, 어떻게 해서 노란색이 되었을까? 자주 먹으면서도 깊이 있게 생각해 보지 못했을 것이다. 이 단무지는 일본에서 시작되었으나 중국 요리에 더 많이 이용되고 있어 혹자는 중국이 유래지라고 생각하는 사람도 있다.

일본 전국시대 타쿠앙 소호라는 승려가 절에서 장기간 보관할 수 있는 간단한 음식을 만들기 위해 쌀겨와 소금으로 무를 절이고 버무린 뒤 항아리에 담아 익히는 방법을 개발하게 된다. 이후 타쿠앙이 있던 동해사라는 절에 당시 막부의 우두머리인 도쿠가와 이에미츠가 방문하게 되어 대접을 할 때 이 음식을 내놓게 되었는데 깔끔한 맛에 반했다고 한다. 이에 이 반찬의 이름을 물었지만 아무 이름도 없다 하여 개발자 타쿠앙의 이름을 따서 타쿠앙즈케 즉 타쿠앙 절임이라고 부르게 되었다고 한다.

그렇게 타쿠앙은 오랜 시간 동안 일본의 대표적인 야채 절임으로 전해져 내려왔고 쌀겨로 수개월간 숙성시키는 방식으로 인해 제작 비용이 높은 고급 반찬으로써 막부의 장군이나 호위무사들의 밥상에서나 볼 수 있는 음식이 되었다. 그러나 쌀겨로 숙성시키는 과정에서 무가 노랗게 변하게 되는데 저마다 색이 다 달라서 통일을 시키라고 했다. 이에 원래 노랗게 변하므로 좀 더 예쁜 노란색인 치자와 울금을 첨가해서 물을 들였고 20세기에 와서는 공장에서 대량 생산되면서 아예 황색 색소를 이용하여 지금의 단무지가 되었다. 무 절임을 자연적으로 숙성시켜도 노랗게 되는데 이 노란색은 뒤이어서 다시 설명하셨시만 우리의 위액과 주파수를 같이 하기 때문에 소화가 잘되고 위를 편하게 하는 역할을 하기에 오랫동안 많은 사람들에게 사랑을 받는 음식이 될 수 있었던 것 같다.

옐로의 긍정적 속성으로 자신감, 창의력, 사고력, 안정감, 자존감, 그리고 이 모든 것들이 만족되리라는 기대감이 있다. 민주주의와 자유의 상징으로도 통하며 위안부 피해자 할머니들을 기억하자는 의미의 노란 나비를 그 예로 들 수 있다. 노란 나비는 세월호의 노란 리본과 그 의미를 같이 하고자 하는 마음으로 처음 사용하게 되었는지 모르겠지만 실제 옐로의 긍정적 속성인 '안정감과 자존감을 다시 찾고자 하는 기대감'으로 색채심리학적인 면에서 나름 의미를 부여해 보면 어떨까 생각된다.

옐로의 부정적 속성으로 짜증, 불안, 조바심, 우울감이 있고 심할 경우 자살 충동의 가능성까지도 일으킬 수 있다. 서양에서는 옐로가 그닥 인식이 좋지는 않다. 식물이 시들어 갈 때나 황달처럼 병에 걸렸을 때 주로 드러나는 색이기 때문이다. 영어로 'Yellow'는 겁쟁이를 뜻하는 은어이며, 선정적인 언론을 '황색 언론', 음란한 소설을 '황색 소설', 동양인을 비하하여 '황색 인종' 등으로 낮추어 표현할 때 사용되며 버릇없는 젊은이를 "싹수가 노랗다."라며 욕하기도 한다. 노란색 카네이션의 꽃말은 '거절, 경멸, 실망, 이의 제기' 등으로 부정적 의미를 담고 있어서 선물을 한다면 고려해야 할 필요가 있겠다. 그러나 중국에서는 황제를 상징하는 색으로 귀한 대접을 받기도 하는데 현대에는 오히려 빨간색에 밀려났다고 볼 수 있다.

옐로는 570nm~590nm의 파장을 가졌으며 인간의 망막에 있는 원추세포 중 긴 파장에 반응하는 L 원추세포와 중간 파장에 반응하는 M 원추세포에 동일하게 수용되어 단일 파장 색상 중 원추세포가 가장 잘 반응하는 색으로 엄청 눈에 잘 띄기 때문에 안전을 생각할 때 많이 사용된다. 차크라의 위장 부분과 밀접한 관련이 있어 소화기계를 다스리며 췌장, 신장, 부신, 간장, 쓸개에도 영향을 미친다. 차크라 중 가장 넓은 영역을 다스리는 에너지로 옐로 에너지가 강한 사람은 대체로 자기 성찰을 통해 자신을 바꾸는 힘을 가질 수 있다. 자신을 존중하고 스스로에 대해 믿음을 갖게 되면 자아를 한 차원 높은 단계로 나아가게 하는 힘이 되므로 이 옐로 에너지를 잘 다스리는 것만으로도 삶의 균형을 유지하는 것에 도움을 받을 수 있다.

그린

"새벽종이 울렸네. 새 아침이 밝았네. 너도나도 일어나 새마을을 가꾸세." 새마을 노래의 첫 구절이다. 장년층 이상은 이 음악이 익숙할 것이다. 6·25 전쟁을 겪고 나라가 모두 힘들게 살고 있을 때 1971년 농촌을 살리고 경제를 부흥한다는 목적으로 시행되기 시작하여 1975년 도시와 공장으로도 확대되었다. 이 새마을 운동의 대표적 상징물로 새마을기가 있는데 초록색 바탕에 노란색 동그라미, 그리고 그 안에 새싹이 자라나는 모습을 담은 로고에 새마을이라는 흰 글씨를 쓴 깃발이다. 초록색 바탕은 농촌의 녹색혁명을 상징하며 황색원은 협동과 무한한 가능성을 표시, 녹색의 잎과 싹은 근면, 자조, 협동의 새마을 정신 및 희망과 소득을 상징, 줄기의 밑이 넓은 것은 안정과 번영을 표시한다.

1970년대에는 새마을 운동 전파와 홍보를 위해서 관공서나 기업체의 국기 게양대마다 태극기와 함께 의무적으로 게양되었던 깃발이었다. 지금은 거의 사라졌지만 드물게 패션 아이템으로 사용되거나 농사 봉사 활동이나 체육대회 때 빈티지나 농촌 느낌의 표식으로 사용 중이기도 하다. 한국 농촌에서 초가집은 이때 사라졌다고 해도 당연할 만큼 '새마을 운동'이라는 문구와 초록색 깃발에서 뿜어져 나오는 힘은 대단하다고 볼 수 있다.

새마을 운동 정신의 무분별한 강조는 유신 정권의 잔재라는 지적 속에 지금은 위축되었으나 제3세계 국가들인 콩고, 가나, 케냐, 남아프리카공화국 등이 큰 관심을 보이며 이 새마을 운동을 수입해 가서 농사짓는 방법 및 새집 짓기 등으로 변화를 추구하고 있다. 세네갈은 새마을 깃발의 초록색과 그림을 그대로 살린 조끼와 모자를 모두 입고 있으며 새마을 운동에 너무 감동을 받은 마음으로 자동차 번호판을 SAEMAUL(새마을)로 사용하게 하고 있다. 좋은 점은 좋게 잘 활용해 주고 있는 것이 뿌듯하게 느껴진다.

2021년 전 세계를 강타한 '오징어 게임'이 있었다. 456억 원의 상금이 걸린 의문의 서바이벌에 참가한 사람들이 최후의 승자가 되기 위해 목숨을 걸고 극한의 게임에 도전하는 웹드라마이다. 여기서 서바이벌에 참가한 모든 사람들이 입고 있는 옷이 초록색 트레이닝복이었다. 감독은 여기서 초등학교 때 입고 운동장에서 뛰어놀던 시절을 그리며 이 옷을 선택했다고 하지만 이 단체복은 의미와 상징이 있다.

개성이 말살되어 가는 경쟁 사회에 살고 있으면서 자신의 정체성이나 자아를 잃어 가고 있는 현대 사회의 개인을 상징한다. 옷 색깔은 왜 초록색을 사용했을까? 초록색 트레이닝복은 글로벌 쇼핑 사이트인 아마존에 판매 상품이 나왔을 만큼 매우 인기가 있었지만 여기서 초록색은 조금은 부족하고 모자라지만 그래도 착한 백수 같은 모습을 의미한다. 초록색은 허브 민트(mint)의 컬러로 이 민트의 어원은 '화폐'라는 뜻을 갖고 있다. 따라서 돈을 의미하며 오징어 게임의 참가자들이 저마다 감당하기 어려운 빚을 지고 있는 사람들과 연관해서도 볼 수 있다.

요즘 컴퓨터의 검색 엔진인 네이버를 통해 자료 찾기를 안 해 본 사람은 아마 없을 것이다. google이 점령하지 못한 몇 안 되는 나라 중 하나가 우리나라다. 이 네이버는 1997년 내부 개발자와 아르바이트생에 의해 초기 로고가 노란색으로 제작되었다. 처음에는 전문적으로 디자인할 여유가 부족해서 어린이 자료 검색 위주의 용도로 시작되었으나 눈의 피로를 적게 할 초록색과 흰색의 조합으로 최종적으로 선택하게 되었다.

명시성과 주목성이 좋은 색깔은 이미 많은 회사에서 선점하여 사용하고 있었는데 초록색은 아무도 사용하지 않고 있었다. 이에 네이버를 대표하는 '날개 달린 모자'는 탐험가를 의미하여 빠르게 검색하는 의미를 갖고 이에 좀 더 빠르게 도움을 주자는 의미에서 날개를 단 것이라고 한다. 초록색이 가지고 있는 안전, 중립, 평화, 자연 친화적, 미래 지향 등의 의미와 눈과 마음을 편안하게 하는 특징을 잘 이용한 예라고 할 수 있다.

밥을 먹고 나면 우리들은 뭔가에 이끌리듯 커피를 마시곤 한다. 1999년 이화여자대학교 앞 1호점 오픈을 시작으로 지금은 1600여 개 이상의 매장이 한국에서 운영되고 있는 스타벅스의 로고를 모두 기억하는가? 로고 안쪽에 있는 그림은 정확하게 잘 몰라도 그 로고가 초록색이라는 것은 다 알 수 있을 것이다. 지금은 그 로고의 굿즈들도 다양하게 판매되고 있고 한정판 물건이 판매될 즈음에는 줄 서서 기다리는 사람도 생기게 되었다.

이 초록색 로고는 어떤 의미가 있는 것일까? 먼저 스타벅스라는 이름은 미국 작가 허먼 멜빌(Herman Melvil)의 해양 소설인 『모비딕(Moby Dick)』에 등장하는 고래잡이배 피쿼드(Pequod)의 일등항해사 스타벅(Starbuck)에 S를 붙여 만들었다. 처음에는 포경선 이름인 '피쿼드(Pequod)'를 하고자 했으나 오줌(pee)과 형무소(Quod)가 연상된다고 하여 포기하고 스타벅으로 결정했다고 한다.

로고의 그림은 그리스 신화에 나오는 세이렌(Siren)이라는 바다의 인이로 아름답고 달콤한 노랫소리로 지나가는 배의 선원들을 유혹하여 죽게 하는 것으로 알려졌는데 이처럼 사람들을 홀려서 스타벅스에 자주 발걸음을 하게 만들겠다는 뜻이라고 한다. 공습경보 사이렌(Siren)은 세이렌에서 비롯된 말이다.

이 로고는 처음에는 커피색인 갈색으로 시작하였으나 1987년 커피를 마시러 오는 사람들에게 평온함과 여유로움을 주고자 하는 의미의 초록색을 선택하여 사용하였는데 사람들이 실제 느끼는 것과 너무 잘 맞아 성공적인 컬러 마케팅이 되었다.

그린은 520nm~570nm 정도의 파장을 가지며 4번째 차크라로 심장, 혈액, 가슴 부위의 기능과 연결된다. 이 차크라가 원활하지 않을 경우 심장, 혈액, 가슴 부분에 문제가 생길 수 있으며 고혈압이나 저혈압, 심장, 암, 낭종 등의 문제들이 같이 있을 수 있다. 그린의 에너지는 사랑, 봉사, 헌신, 용서, 이해심, 협동 정신, 조화와 균형 추구 등의 긍정적인 에너지에 영향을 미치며 인생을 즐기고, 돈, 음식 등 지금 가지고 있는 것을 가치 있게 여기며 만족하게 한다. 그러나 원활하게 작용하지 않을 때는 그 반대를 표현하여 인생이 불공평하고 정의롭지 못하며 가혹하다는 생각과 자신을 사회의 불운한 희생양으로 바라보는 경향, 우울함과 상실감, 유대감 결여 등의 감정을 느끼게 된다.

서구권에서는 그린이 질투를 상징하는 색이기도 하다. 영어 표현에서 "green with jealousy.", "green with envy(시샘하는)." 같은 관용구가 있으며 중국에서는 '녹색 모자'의 표현은 '아내는 바람이 났는데 나는 그걸 모르고 있는 바보'라는 뜻으로 쓰인다. 또한 셰익스피어는 초록색을 '순진무구한', '세상 물정을 잘 모르는'의 의미로 사용하기도 했다. 따라서 그린은 살짝 부정적인 뉘앙스에 가깝게 표현된다. 영화에서도 외계인의 피를 녹색으로 묘사할 때가 많다. 신비롭고 초자연적인 생명체나 에너지원을 가리킨다.

　창작물에서는 초록색이 주로 빌런들의 대표 색으로 활용되기도 하는데 수인공의 농료, 라이벌, 대립자의 역할로 표현되며 보색인 빨간색이 주로 주인공을 하게 된다. 앞서 얘기한 오징어 게임에서도 초록색 트레이닝 복의 사람들을 관리하는 사람늘이 입은 색은 보색인 붉은색 계열이었다. 이렇듯 컬러의 특징이 다소 과하게도 표현되었을 수 있지만 실제로 그린은 우유부단하며 자신의 의견을 잘 드러내지 않는 순진한 의미를 지니고 있다.

블루, 로열 블루

파란색은 전 세계적으로 가장 선호도가 높은 색이다. 바다와 하늘의 색이라 쾌적하고 상쾌함과 차가움을 표현할 때 자주 활용된다. 여름날 뜨거움을 식히기 위해 수영장 물에 풍덩 할 때 파란색 수영장 바닥을 보았을 것이다. 수영장 바닥이 파란색이 아닌 빨간색이었다고 상상해 보라. 시원하게 얼른 들어가 보고 싶은 마음이 다소 주저하게 될지도 모르겠다. 그만큼 고유의 색이 가지고 있는 상징성은 사람의 마음을 움직이게 하는 데 매우 큰 역할을 한다고 볼 수 있다. 블루는 우울함을 표현하기도 하지만 현재는 첨단 IT 분야에서 신뢰감 있고 미래 지향적인 컬러로 많이 쓰인다. 이에 대기업 로고에서 많이 사용하며 소비자에게 역동성과 혁신적인 이미지와 신뢰를 주는 데 이바지한다.

오랫동안 남성을 상징해 오던 파란색은 언제부터 그런 의미를 가지게 되었을까? 요즘은 오히려 "남자는 핑크지."라는 말로 우스개 아닌 우스개로 말하고도 있다. 그러나 완전히 우스개는 아닌 것이 동서양 모두 파란색이 여성의 색으로 인지되어 왔었기 때문이다. 태극에 파란색과 빨간색에서 파란색이 음양 중 음, 즉 여자와 연계되어 있으며 서양에서도 소년에게 분홍색을 입혔다는 기록이 있다. 붉은색은 에너지가 넘치고 강인한 남성적인 색으로 여겨져서 분홍색도 이 계열로 보았기 때문이다. 반대로 파란색은 성모 마리아가 입은 것으로 묘사되어 처녀성과 정숙함의 상징으로 쓰였다.

1918년 〈브리티시 레이디즈 홈 저널〉에서 여자가 파랑이라는 내용에 힘을 실어 주는 다음과 같은 내용을 실었다.

"일반적으로 널리 받아들여지는 통념에 따르면 남자아이에게는 분홍이, 여자아이에게는 파랑이 좋다. 분홍은 좀 더 분명하고 강해 보이는 색으로 남자아이에게 더 잘 어울리지만 파랑은 좀 더 섬세하고 얌전해 보여 여자아이한테 더 잘 어울린다."

이후 1927년 아동 의류 생산하는 미국 회사들 사이에서 작은 충돌이 있었다. 뉴욕과 로스앤젤레스의 제조업자들은 파랑을 소녀들의 색으로 밀고 있었고 시카고와 필라델피아, 뉴올리언스의 제조업자들은 분홍을 소녀들의 색으로 홍보하기 시작하였다. 그러다가 1950년대부터 파랑이 소년복, 분홍이 소녀복으로 완전히 기울기 시작했다. 그러나 1960년대 여성 운동에서 '여성적'인 것을 거부하고 유니섹스를 추구하던 성향이 다음 세대에 와서 반작용을 일으키며 더욱 여성적인 모습을 추구하려는 경향의 결과가 나타나게 되어 지금의 남자는 파란색, 여자는 분홍색이라는 상징이 정착되게 되었다.

빨간색이 공산주의와 사회주의 혁명 등을 상징하는 것과 반대로 파란색은 자유주의와 보수주의 우파를 상징하는 색이기도 하다. 그러나 현재 정치권에서는 세월의 흐름의 변화로 우파에서 빨간색을 좌파에서 파란색을 사용하고 있다. 이렇게 보면 색의 상징성이 얼마나 맹랑한가. 컬러의 의미와 상징성이 그대로 잘 맞아서 효과가 배가 되는 것이 있고 엉뚱하게 규정지어 놓은 틀에 모두의 생각이 갇혀 버리는 일이 생길 수도 있다.

파란색 하면 빼놓을 수 없는 것이 우리 모두 즐겨 입는 청바지다. 청바지는 언제부터 청색이 되었으며 왜 청색이어야 했을까? 이 이야기는 BC 55년까지 거슬러 올라가야 하는 길고 오래된 배경이 있다. 율리우스 카이사르가 브리튼을 침공할 당시 푸른 대청을 칠한 픽트족과 마주쳤는데 게르만족도 대청을 칠하는 풍습이 있었다. 그중 상당수가 로마인들이 불길하게 여기는 파란 눈이었다. 파란색의 침략자들을 겁주어 쫓아내기 위해 오히려 파란색을 사용하면 되겠다고 생각했다. 그 후 세월이 지나도 대청으로 칠하거나 파란 문신을 하거나 대청으로 염색한 망토를 걸치고 전쟁에 참여하는 모습 등이 등장했다.

이러한 청색 염료들은 몇 세기 동안 유럽에서 각광받았지만 복잡한 제조 과정으로 쉽게 염색 천을 얻기 힘들었다. 이에 비해 메소포타미아와 아시아 일부 아프리카, 아메리카 지역 사람들은 수천 년 넘게 쪽으로 옷을 염색해 왔다. 마찬가지로 파란색이 사악한 기운을 막아 준다고 믿었다. 적어도 5천 년 전 인도 북서부의 인더스 계곡에서 처음 재배했던 것으로 추정되며 무엇보다 비용이 저렴했을 뿐만 아니라 염료 생산량도 훨씬 더 많았고 질도 더 좋았기 때문에 특히 인도에서 사업하는 영국 제조업자들에게는 인디고 블루로 알려지게 되었다. 즉 인디고 컬러 염색은 정작 인도에서는 유행하지 않았다.

인도의 상류계급은 어떤 염색도 되지 않는 자연 그대로를 가장 순수하다고 생각해서 쪽 염색은 하류계급으로 여겼으며 우연히 쪽을 만졌다 하더라도 바로 지위를 잃게 되었다고 한다. 따라서 노예들에 의한 염색 노동으로 대량 생산하게 되어 미국으로 건너오게 된 쪽은 1755년에는 엘리자라는 선견지명이 있던 한 개인에 의해 큰 규모로 일어났다.

18세에 뉴욕으로 이주한 레비 스트라우스라는 젊은 독일계 유대인 사업가가 여러 곳을 옮겨 다니다 이 쪽 색을 지닌 천을 프랑스 남부의 님이라는 도시의 이름을 따 '데 님(de Nimes)'이라 불렀는데 '데님(denim)'으로 진화했다. 이후 뉴욕에 사는 데이비스라는 재단사가 남편이 입을 작업복 하나를 만들어 달라는 주문을 받고 레비 스트라우스에게 데님 천을 사서 옷을 만들었는데 그들의 동료 인부들도 그 바지를 원했고 수요가 점차 넘쳐나서 그들은 동업 계약을 맺어 본격적으로 쪽으로 염색을 한 데님으로 바지를 대량으로 만들었다. 처음에는 '웨이스트 오버올(waist overalls)'로 특허를 냈지만 나중에 좀 더 기억하기 쉬운 '진(jeans)'으로 바꿨다. 그 뒤 그 바지는 리바이스 또는 블루진으로 알려지게 되었다. 처음에는 청바지는 작업복으로만 사용하다가 2차 세계대전이 발발하면서 재료 일부가 부족해져서 합성염료로 대체되었다. 육체노동자를 '블루칼라'라고 부르는 것도 쪽을 사용하여 입는 청색 옷 때문에 생겨난 말이다. 이는 흰색에 비해 때가 묻어도 눈에 잘 띄지 않았기 때문이다.

이슬람권에서는 파란색이 사원 어딜 가나 눈에 잘 띈다. 그러나 단순히 예뻐서 많이 사용한 것은 아니다. 눈이 파란 사람들은 믿을 만하지 못하다는 부정적인 이미지가 이런 현상을 낳았는데 아직도 존재하고 있다. 튀르키예를 여행하면서 기념품 숍을 지나다 보면 매장마다 보이는 파란 눈의 모양을 한 상품을 볼 수 있다. 나도 10여 년 전 여행 때 액운으로부터 나를 지켜준다고 설명을 해 주길래 파란 눈의 반지를 하나 사 볼까하며 이것저것 껴 보며 망설이다 결국 내려놓고 그냥 온 적이 있다.

애초에 사람들은 모두 갈색 눈이었다고 한다. 멜라닌 수치가 낮아 나타나는 파란 눈은 아프리카인들이 더 추운 유럽으로 이주하고 나서 한참 뒤에야 생겨났다. 파란 눈이 하얀 피부보다 먼저 진화한 것으로 추정할 따름인 이야기다. 이에 중앙아시아에서는 파란 눈이 드물었지만 악이 씌워서 나타나는 현상이라 생각했고 이 '악마의 눈'으로부터 보호하고자 아예 파란 눈이 있는 부적을 지니게 되었다는 것이 전해 오는 이야기다. 파란색으로부터 보호하기 위해 벽이며 몸에 파란색을 칠하거나 몸에 지니게 되는 어쩌면 조금은 아이러니한 일이 일어난 것이다.

사업을 하고 있거나 창업을 해 볼까 하고 생각하는 사람들이라며 '블루오션'이라는 말을 들어 보았을 것이다. 이를 처음 알린 사람은 프랑스 유럽경영 대학원의 김위찬 교수와 르네 모보르뉴 교수다. 푸른 바다라는 말인데 물고기가 많이 잡힐 수 있는 넓고 푸른 바다를 가리키는 것으로 고기떼가 몰려다니고 있어서 많은 물고기를 쉽게 잡을 수 있다는 말이다. 참신하고 새로운 아이디어로 시작하는 사업으로 이 넓은 바다가 모두 내 것이라고 볼 수 있는 무경쟁 시장을 얘기한다. 그러나 다른 면으로 보면 바다라는 것이 온갖 노력을 해도 살아남기 힘들 만큼 깊고 넓으며 언제 올지 모르는 태풍과 폭풍, 높은 파도 등의 시련의 장이라는 것이다. 그 넓은 바다에서 살아남기 위해서는 고기를 많이 잡을 수 있는 나만의 도구와 튼튼한 배가 필요한데 우리는 그 나만의 도구를 만들기 위해 밤을 새워서라도 노력하는 사람들을 많이 볼 수 있다.

당신이 지금 하고 있는 일은 블루오션인가, 레드오션인가. 레드오션은 붉게 피로 들끓는 바다로 서로 물고 뜯기는 피 흘리는 전쟁터라고 볼 수 있다. 『손자병법』에 가장 훌륭한 승리는 싸우지 않고 이기는 것이라고 했는데 우리가 하고 있는 사업은 어느 만큼의 피를 흘리며 하고 있는가? 이러한 레드 오션이 되지 않고, 싸우지 않고 이기려면 블루오션 영역이어야하며 이러한 블루오션이라도 그 안에서 머물기만 하다 보면 경쟁자들에의해 오히려 뒤처질 수도 있고 금방 레드오션이 될 수 있으므로 새로운가치 창출을 위해 끊임없는 고민과 관심, 노력이 필요하겠다.

한 예로 주부의 마음으로 개척한 스팀청소기 시장이 블루오션으로 성장하게 된 이야기다. 요즘이야 스팀 청소기가 집집마다 하나씩, 적어도 두집에 하나씩은 있을 것이나, 한 평범한 주부가 집안 청소를 하다가 일반물걸레질로 깨끗이 되지 않아 뜨거운 김으로 소독을 하면 얼마나 좋을까라는 생각으로 직접 개발까지 하게 되었다. 40대의 주부는 직접 설계도를그렸고 여러 공장을 찾아다니며 견본을 만들어 달라고 했는데 대부분 거절을 했다고 한다. 그러다 간신히 한 업체를 설득해서 만들어 시장에 내놓았더니 반응이 폭발적이었다. 그래서 지금의 한경희 스팀청소기가 탄생하게 되었고 지금도 스팀청소기 시장의 대부분을 차지하고 해외 수출도활발하게 일어나고 있다. 이때까지 없던 영역의 발견과 발상의 전환으로틈새시장을 개발한다면 이것이 곧 블루오션이 될 것이다. 여러분도 이 푸른 바다를 헤엄치고 싶지 않은가, 나는 지금 블루오션에 배를 띄우기 위해만반의 준비를 하고 있다. 여러분도 꿈꾸고 실행에 옮겨 보길 바란다.

파란색은 450nm~500nm의 파장을 가지며 빛의 굴절률이 보라색 다음으로 큰 색이다. 따라서 하늘이 파랗게 보이는 이유도 태양에서 빛이 오는 과정에 먼저 산란하기 때문에 파란색이 흩어져서 그렇게 보이는 것이다. 파란색은 5번째 차크라인 목 부분에 해당하는 주파수로 목 차크라가조화로우면 목소리를 통하여 표현하는 능력이 뛰어나서 언어를 통한 활동을 하기 쉽다.

6번째 차크라인 로열 블루는 무지개의 일곱 빛깔에는 이름이 있지만 실제로는 파란색이 스펙트럼에서 어둡게 보일 때 남색으로 보이기 때문에 이름을 붙여 놨지 따로 남색이 존재하지는 않는다. 차크라가 어느 정도 조화로운지를 알아보는 펜듈럼이라는 것이 있다.

펜듈럼은 흔들리는 추를 이르는 말이다. 이 펜듈럼으로 몸의 차크라들이 잘 작동하고 있는지를 알아볼 수 있는데, 조화롭게 작동될 때 이 추들이 공명이 일어나서 같이 움직이게 된다. 그렇지 않을 경우 펜듈럼은 꼼짝도 하지 않게 된다. 나 또한 이 실험을 해 보았는데 목 부분의 5 차크라가 가장 공명이 잘 일어나서 추가 크게 움직이는 모습을 보였다. 아무래도 교사는 말을 많이 하는 직업이다 보니 그런 것 같다.

목 차크라에 해당하는 파란색은 평화와 평가의 색으로 정열과 욕정의 붉은색과 이기적 마음의 노란색과 감정의 초록색을 넘어 평화를 찾는 색이다. 우리가 하늘과 바다를 보면 마음이 편안해지는 것도 이 파란색이 가지는 힘이다. 또한 목 차크라가 충만하면 매사에 공정하고 책임감이 강하고 신뢰를 얻으며 이해력과 소통 능력이 뛰어나게 된다.

이는 파란색의 긍정적 속성과 맥을 같이 하며 자기 탐구, 내적 성장, 해방감, 자립, 희망, 사고의 논리성, 지적 능력에 영향, 평온하고 고요한 정신과 사색의 의미를 가진다. 에너지가 부족하면 자신보다 우월한 사람에게 항상 복종하며 고정관념을 가지며 잘 변하려 하지 않고 의사소통도 잘되지 않으며 현실감각이 둔해지거나 자신만의 세계에 빠져 자기만의 만족에 빠지게 되는 모습을 보이게 되는데 이는 파란색의 부정적 속성인 차갑고 무심하며 냉담, 절망, 이별, 고독 등의 의미와 맥을 같이 한다.

바이올렛

2018년 방탄소년단이 한국 가수 처음으로 유엔 총회에서 'LOVE MYSELF' 캠페인으로 연설했을 때 유니세프 헨리에타 포어 총재는 'We are at UNISEF purple you!'라며 보라색의 purple을 인용해 화제가 된 적이 있다. 방탄소년단의 멤버 뷔가 "보라해."라는 말을 탄생시켜 '보라'는 사랑이라는 공식을 만들었다. 어떤 네일 전문 회사가 '보라해'에 대한 상표를 특허 출원했으나 출원 이후 회사 홈페이지는 물론 특허청에까지 팬들의 항의가 빗발쳤다고 한다. 이에 창시자인 태형이가 계속 사용하고 있는 단어라는 이유로 출원을 취하하고 팬들에게 사과하며 해프닝으로 종결되었다.

보라색은 서양에서는 신성함을 상징하며 신비로움을 느끼게 하는 귀족의 색으로 여겨왔고 색채 심리학자들은 심신이 피로할 때 찾게 되는 '치유의 색'이라고 규정하고 있다. 어쩌면 방탄소년단은 마치 이 의미를 알기라도 하듯 전 세계를 돌며 마법의 보라색 보석 가루를 우리에게 뿌리고 있고 우리는 그들로 인해 영혼을 치유받고 있는 건 아닐까 하는 생각이 든다.

보라색은 영어에서는 퍼플과 바이올렛으로 나뉘는데, 마젠타 같은 붉은빛이 더 강한 보라를 '퍼플'이라 하고 푸른빛이 더 강한 보라를 '바이올렛'이라고 부르는데 무지개의 보라색은 바이올렛이다. 그러나 일반적으로는 진한 보라를 퍼플이라 하고 연한 보라를 바이올렛이라고도 칭한다. 또한 보라색에 흰색이 더해져 명도가 높아지고 채도가 낮아진 연한 보라는 라일락, 라벤디 등으로도 부른다.

우리나라의 '보라'의 어원은 몽골어 유래의 귀화어 설과 순우리말 설이 있는데 대중적으로는 귀화어 설이 좀 더 지지를 받고 있다. 보라매의 '보라'가 어린 매의 깃털 색인 갈색으로 붙여진 이름인데 몽골에서는 갈색을 '보라'의 어원인 '보르(bor)'로 사용되었기 때문이다. 이후 이 색깔은 자색을 지칭하는 어휘로 변화되어 사용된 것으로 추정한다. 귀화어 설의 보라색은 다른 오방색과 달리 '보랗다', '보란', '보랗게'처럼 다양하게 활용되지 않는 점 등이 귀화어기 때문인 것으로 보라의 유래를 보고 있다.

고대 세계에서 보라색은 동서양을 막론하고 권위, 명성, 존엄 등을 나타내는 색이었다. 천연물에서 자색 염료를 추출하는 과정이 매우 까다롭기 때문이다. 보라색은 고등 1만 2천 마리에서 겨우 손수건 한 장 염색할 양만 만들어진다. 이에 엄청나게 비쌌고 부유한 상류층의 전유물일 수밖에 없었다. 동로마 제국 시기에는 이 염료의 생산과 판매를 직접 관리하여 외부 노출이 절대 되지 않도록 하였는데 멸망과 동시에 생산 법도 사장되었다. 이후 황제와 추기경의 보라색 옷은 붉은색으로 바뀌게 된다. 네로 황제의 경우는 자신 이외에는 보라색을 쓰는 자를 사형에 처하도록 하는 법까지 만들 정도이니 보라색의 귀함과 권위는 대단했다고 볼 수 있다.

동양에서도 보라색이 특권 계층의 색이었는데 신라 골품제에서 보라색 관복을 입을 수 있는 것은 성골과 진골만이 오를 수 있는 높은 벼슬의 귀족들뿐이었다고 한다. 고려 황제는 외국 사신을 접견할 때만 자색을 입었다는 기록도 있다. 일본에서도 보라색 관복이 가장 높은 계급의 상징이었다.

동양에서는 서양에서보다 보라색을 만드는 법이 조금은 쉬울 수 있지만 귀한 것은 마찬가지였다. 자초 뿌리 서른 근, 식초 두 되, 재 두 섬, 땔나무 360근으로 진보라색을 추출하였으나 자초가 약초로 쓰였기 때문에 역시 얻기는 매우 어려웠다. 언뜻 생각하기에 포도 껍질을 이용하면 될 텐데라는 생각이 들 수 있으나 이 역시 현대식 농법이 들어오기 전에는 과일도 그렇게 흔한 게 아니어서 보라 염료의 몸값은 높을 수밖에 없었다.

1870년경 영국에서 여성의 선거권을 얻기 위한 투쟁이 처음 시작되었고 1908년 흰색, 녹색과 너불어 보라색을 여권 운동의 색으로 발표한 뒤, 집회 때 보랏빛 스커트, 깃털, 구두, 장갑 등을 착용한 남자와 여자들이 등장하게 되었다. 여성과 남성의 상징색인 레드와 블루가 결합하여 만들어진 보라색은 여권 신장을 위해 가장 적절한 의미로 사용되기 시작했고 그중에서도 특히 보라색 장미가 페미니즘의 대표적인 상징물로 사용되고 있다.

세계 여성의 날(3월 8일)이 유래한 1908년 미국 여성 노동자들의 시위에서는 생존권과 참정권을 요구하며 "Bread and Roses(빵과 장미를 달라)"라는 구호를 외쳤다. 빵은 주림을 해소할 여성의 생존권을, 장미는 남성과 동등한 참정권을 의미했기 때문인데, 이후 매년 세계 여성의 날에는 세계적으로 여성에게 보라색 장미를 선물하며 의미를 더하고 있다.

보라색은 380nm~450nm의 파장을 지니며 주파수가 가장 높은 색이며 우리 몸의 차크라 중 머리끝 정수리에 해당한다. 이 차크라는 육체와 감정, 영혼의 완전한 통합의 영역으로 이 차크라가 닫힌 사람은 영성이나 우주적 사고에 대한 설명을 이해하거나 받아들이지 못하며 불교에서는 열반, 완전한 깨달음을 의미하고 기독교에서는 신과의 교감 등을 의미한다. 그래서 기도, 수련 활동, 요가, 명상 등은 우리의 주파수를 높여 주는 활동이고 이로 인해 우리는 마음의 평화를 얻을 수 있다. 긍정적인 의미로는 고귀함, 화려함, 권력, 치유, 강력함, 황제, 희망, 예술적, 신비로움, 초자아 등이 있으며 부정적인 의미로는 우울, 불안, 상처, 갈등, 병약, 죽음, 어둠 등이 있다.

색 중에서는 비교적 가시성이 나쁘다. 그래서 시야 확보가 어려운 환경에서 보라색 옷을 입으면 인지가 어렵다. 흔히 하는 말로 '보라색 옷을 입어서 예쁘다고 눈에 띄면 진짜 예쁜 거다.'라는 말이 있다. 앞에 빨간색 설명에서 한번 언급했었는데 가장 긴 파장을 가진 빨강이 가장 눈에 먼저 들어오기 때문에 데이트에 빨간색 옷을 입고 가면 이성을 유혹을 하기 쉽다. 그렇다면 가장 짧은 파장의 보라색은 시야에 가장 늦게 들어오기 때문에 많은 사람들 중에 보라색 옷이 눈에 띄기란 매우 힘들다고 볼 수 있다. 따라서 '보라색 옷을 입고도 눈에 띄게 예쁜 것은 정말 예쁘기 때문이다.'라는 말이 어느 정도 일리 있는 말인 듯하다.

요즘 유독 이 컬러가 끌릴 때

매일 아침 일어나서부터 자기 전까지 우리는 무수히 많은 컬러를 선택하고 취하게 된다. 무슨 색 옷을 입고 나갈지, 어떤 색 가방을 들지, 몸에 지니는 장신구는 또 무슨 색일지, 어떤 색의 벽으로 둘러싸인 공간에서 지내게 되는지, 어떤 컬러의 조명 아래서 어떤 컬러의 차를 마시는지, 어떤 컬러의 풍경을 보며 지나칠지 등 무수히 많은 컬러들과 같이 한다. 앞서 언급했듯이 우리가 취하는 이 많은 컬러는 태양의 빛이다. 그 에너지의 주파수와 오늘의 나의 감정의 주파수가 공명이 되는 컬러를 선택하게 되어 있다. 이렇게 매일매일 자신의 컨디션이나 감정을 컬러를 통해 점검해 볼 수도 있는 것이다. 그러나 매일을 넘어 쭉 같은 컬러가 유독 끌린다거나 유독 보기 싫은 경우가 있을 수 있는데 이는 그 컬러 에너지가 모자라서 채우기 위해서 끌릴 수도 있고 조화롭게 사용하지 못해 그림자 특징으로 나에게 경고하기 위해 끌릴 수도 있고 선뜻 인정하기 싫으며 애써 외면하고 있을 수도 있는 나의 모습을 컬러로 표현해 주고 있을 수도 있다.

컬러 심리

레드
어떤 어려움에 처해 있나요?

빨간색을 몹시 좋아하는 한 여인이 있다. 예전부터 그런 건 아니었다. 어느 순간부터 옷을 사도 빨간색, 스카프도 빨간색, 지나다 시선이 머무는 곳도 빨간색 소품이다. 행여 다른 색의 옷을 사 드리면 "다음부터는 빨간색으로 사 다오."라며 빨간색에 대한 사랑이 넘친다. 모든 일에 적극적이고 매사 늘어진 몸으로 무료하게 보내는 시간 없이 알차게 보내시는 분이다. 젊었을 때부터 그렇게 열정적으로 살아왔기 때문에 나이가 든 지금도 열정적으로 살고 싶어 한다. 대충 눈치챘겠지만 친정 엄마 얘기다. 그런데 몸이 예전 같지 않다. 마음과 열정은 그대로인데 뭔가 모르게 힘에 부치고 힘들다. 그렇다. 내 몸은 본능적으로 에너지를 당기고 있는 것이다. 열정적으로 움직일 수 있는 에너지를 줄 수 있는 컬러가 바로 레드다. 앞서 제1차크라의 영역인 레드를 설명할 때 언급했지만 레드 에너지는 음부 아랫부분인 하체를 움직이는 힘에 관여한다. 그러니 마음같이 움직여지지 않을 때 자연스럽게 끌리는 컬러가 레드가 될 수밖에 없을 것이다.

학생들에게 끌리는 색으로 만다라 색칠하기를 해 보았다. 주저함 없이 빨간 색연필을 집어 드는 아이는 열정적인 아이다. 그러나 레드를 선택한 일부 아이들에게서 끓어오르는 분노와 불안과 두려움 등으로 학교생활이 원만하지 못한 아이들이 있다. 가정에서의 불화가 있을 수도 있고 자신과의 힘겨운 싸움 중일 수도 있다. 이렇듯 자신의 컬러가 조화롭게 사용되고 있지 못해 컬러의 그림자적 특징이 나타나게도 된다. 또는 레드를 너무 많이 사용해서 에너지가 고갈되어 필요에 의해서 끌릴 수도 있다. 내 몸에서 일어나고 있는 다양한 행동의 주파수와 레드의 주파수가 맞아서 저절로 끌어당긴다고 보면 된다. 그러나 레드를 너무 싫어하는 아이들은 이루고 싶었던 것들이 좌절되었을 때나 그로 인해 지금 욕구 불만이 가득 찬 상태일 가능성이 있다.

레드가 끌릴 때 요약

1. 신체적으로 에너지가 고갈되어 건강의 위험 신호가 올 수도 있어 전반적으로 점검이 필요할 때

2. 열정을 다했으나 그 결과가 받쳐 주지 못하여 의지가 꺾이거나 의기소침해 있을 때

3. 나아갈 방향성이나 목표를 상실했거나 불안과 두려움으로 가득 차서 고집스러운 성향을 보일 때

4. 현실에 대한 만족감이 적거나 목표를 이루지 못한 스트레스 상황일 때

5. 열정이 넘쳐서 과욕이 생기거나 이로 인해 공격성, 갈등, 분쟁이 잦을 때

6. 물질적 금전적 보상이나 공급이 원활히 이루어지지 않을 때

　　　　　　　　　　　　　　　　　　　　　　컬러 심리

오렌지
어릴 때 상처를 회피하고 있나요?

요즘 '~멍'이라는 말을 자주 접한다. TV에서 연예인들이 쓰는 것을 듣고 처음 접하게 되었지만 지금은 우리도 곧잘 사용하곤 한다. 불멍, 물멍, 하늘멍, 바다멍……. 여기서 나는 '불멍'을 얘기하려고 한다. 어린 시절 학교에서 캠핑 활동을 가면 야영의 꽃인 캠프파이어를 경험한다. 아이들로 빙 둘러싼 운동장 한가운데 장작을 겹겹이 쌓아서 올려놓고 멀리서 불을 붙이기 위한 불덩이가 연결해 놓은 줄을 타고 장작으로 내려꽂히듯 날아오면 미리 휘발유를 좀 부어 놓은 장작에 불꽃이 일며 꽃을 피운다. 이내 아이들은 함성을 지르며 마치 이 순간을 위해 캠핑 활동을 왔다는 듯 즐거움과 기쁨을 친구들과 나눈다. 잠시 후 기쁨을 뒤로한 채 종이컵에 초를 꽂아 불을 붙인 채 옆 친구에게 불꽃을 옮긴다. 아이들이 모두 불을 붙이게 되면 잔잔한 음악과 함께 자신을 돌아볼 수 있는 시간을 가지는데 진행자는 준비된 감동적인 말들로 순식간에 분위기를 전환한다. 이때 진행자의 멘트를 들으며 타오르는 촛불을 하염없이 바라보다 보면 여기저기서 홀쩍거리는 소리를 들을 수 있다. 여기서 나는 불멍의 위대함을 얘기하고자 한다.

　흔히 어린아이들이 불꽃을 그릴 때 빨간색으로 표현하곤 하지만 완전히 빨간색으로 정의하기에는 무리가 있다. 불꽃의 가운데 색은 오렌지빛에 가깝다. 마음의 상처나 충격 등을 해소하지 못한 채 회피하며 트라우마를 겪고 있을 때 불멍을 하면 안정감을 느끼며 내재되어 있던 힘들었던 마음을 끄집어내어 치유되도록 도와주는 힘이 있다. 그래서 불멍을 하염없이 하다 보면 부모에게 받았던 상처나 어린 시절 선생님으로부터, 또는 친구들과의 관계의 부적응 등으로 억지로 꾹꾹 눌러놓았던 힘들었던 과거의 상처들이 "이세 너 이상 힘들게 마음 안에 갇혀 있기 싫어. 나 이제 그만 밖으로 나가고 싶어. 그래서 훨훨 날아가고 싶어."라고 외치기라도 하듯 눈물로 흘러나오거나, 내 입을 통해 "나 힘들었어~."라고 조용히 내뱉어지기도 한다. 시작이 어렵지 물꼬만 트면 차차 마음의 짐이 내려앉고 가벼워지기 시작할 것이다. 요즘은 실내 불멍 난로가 있어 마음 치유를 위한 접근이 좀 더 쉬워졌다. 저물어 가는 노을을 바라보면 어떤 마음이 드는가? 이것도 불멍과 같은 효과를 가진다. 오렌지의 하늘은 힘들었던 마음의 시간을 되돌아보며 차분히 정리되는 느낌을 받을 수 있다.

　길을 가다 보면 정말 드물지만 유난히 오렌지색의 옷이나 장신구들로 차려입은 사람을 보게 된다. 물론 어쩌다 한번 선택하게 되는 컬러라면 크게 걱정할 것 없지만 유독 끌려서 자주 선택하게 된다면 인생이 즐겁지 않거나 더 즐기고 싶거나, 욕구 불만으로 성급하며 극단적인 행동을 하게 되고, 사치나 허영심이 커지며 조절 능력이 부족하여 중독적인 선택을 하는 모습을 보일 수도 있다. 또는 오렌지 컬러가 유독 싫은 사람도 있다. 트라우마가 매우 심하거나 삶을 별다른 이유 없이 내던지고 싶거나 낭비하며 살아온 세월을 후회할 때가 그렇다. 나도 사실은 한때 오렌지 컬러가 한동안 좋았다가 한동안 너무 싫어서 쳐다보고 싶지도 않을 때가 있었다. 그래서 극복하기 위해서 오렌지 계열의 꽃송이를 식탁에 놓고 매일 보며 에너지를 받으려고 했다. 오렌지가 내게 많이 부족했던 것 같다. 그러나 지금은 오렌지가 다시 예뻐지기 시작했다. 마음도 많이 가벼워졌다.

동남아시아의 승려들이 입는 법복을 본 적 있는가? 오렌지색의 속옷, 또는 두르는 천, 상의, 겉에 입는 가운 등으로 석가모니 시절부터 입어 온 것으로 검소한 삶을 살겠다는 맹세를 보여 주기 위해 천 조각을 기워서 법복을 만들어 입었다고 한다. 컬러는 지역에 따라 조금씩 다를 수 있지만 초기 승려들은 채소와 강황, 샤프론 등의 향신료로 오렌지색을 만들었다. 많은 색 중에 왜 오렌지색인가는 누군가 얘기하기에는 의미 없이 만들기 시작했고, 쉽게 염색할 수 있어서 했다고 말하고도 있지만 그렇지 않다. 색을 선택하는 데 있어서 그냥은 없다. 오렌지가 가진 '깨달음', '통찰'의 의미를, 수련하는 수도승들은 끌림에 의해 만들지 않았을까? 오렌지 컬러를 입고 위대한 진리와 바른 삶을 전하며 참된 길을 찾고 깨달음을 얻어 모든 중생을 고통에서 구제하도록 명상하고 기도하는 그 길에 오렌지의 의미가 함께한다고 본다.

오렌지가 끌릴 때 요약

1. 즐거움에 관한 문제에 노출되었을 때

- 다람쥐 쳇바퀴 같은 무료한 현실에의 답답함과 스트레스에서 탈출
  하여 즐기고 싶을 때
- 일상이 즐겁지 않아서 외롭거나 지루하게 느껴질 때
- 자유로움과 즐거움을 추구해야 하는데 차단되어 답답할 때
- 에너지를 최대로 끌어올려서 즐기며 추진해야 하는 일이 있을 때

2. 자극에 관한 문제에 노출되었을 때
- 사치나 허영심이 커지며 조절 능력이 부족하여 중독적인 선택을
  하게 될 때
- 새로운 아이디어로 창조성을 부여해야 하는 상황이나 오히려 여의
  지 않아 제대로 아이디어를 내지 못하는 환경일 때
- 매력적으로 보이고 싶을 때

3. 감정의 치료를 필요로 하게 되었을 때
- 감정의 부조화로 타인에게 무례할 때
- 지난 상처를 치유하려 하지 않고 회피하고만 있을 때
- 같이 있어도 외로울 때

옐로
너무 잘하고 싶나요?

  TV 한 프로그램에서 한 아이돌 리더의 집 인테리어가 소개되었다. 노란색 커튼, 샤워기, 문손잡이, 싱크대, 전등 갓, 테이블, 의자, 냉장고 등등이 모두 노란색이었다. 노란색이 너무 좋아서 쇼핑을 하다가도 노란색만 보이면 예뻐서 산다고 한다. 서바이벌 프로그램을 통해 끊임없이 성장하는 모습을 보여 주며 경쟁에 강한 '서낳괴(서바이벌이 낳은 괴물)'라는 애칭을 얻은 인물이기도 하고 스스로를 '욕심도 많고 경쟁도 좋아한다'고 밝히며 리더로서 그룹이 뒤처지지 않도록 멤버들에게 항상 강한 모습과 신경이 곤두서 있는 모습을 보인다고 한다. 무대에서 한 치의 실수도 용납되지 않는 완벽한 모습을 보여야 한다는 강박감이 있기도 하고, 더 잘되기 위해서 편히 쉬지 않고 고된 운동 직후에도 '앉으면 엉덩이 살쪄.'라는 주문을 외우며 눈물을 머금고 셀프 고문을 해 가며 스스로를 혹사시키는 모습이었다.
  이렇듯 위 예시의 아이돌은 옐로가 끌리는 이유를 '발전'이라는 단어와

연관을 지을 수 있겠다. 발전을 해야 하는데 발전이 없다고 생각될 때, 발전하고 싶은 만큼의 목표가 있는데 그만큼의 지적 욕구가 해소되지 않을 때, 발전을 위해 노력을 하는데 그만큼 인정받지 못하고 멈추어 있는 듯한 상황에 스트레스나 신경이 날카로울 때, 이런 모든 것들로 인한 생각이 너무 많아 혼란스러울 때, 너무 완벽하게 잘하려고 할 때, 잘하고 싶은데 그만큼 못 할까 봐 생기는 두려움 등이 옐로를 끌어당기는 것 같다. 이 아이돌은 그해에는 노란색이 너무 좋은데 너무 싫은 해였다고도 했다. 노란색이 너무 싫을 때는 뭔가에 콤플렉스가 있거나 마음속으로는 밝은 성격이지만 행동으로 옮기지 못할 때 그냥 싫어진다고도 한다. 우리가 어떤 컬러를 좋아하고 싫어하고는 이런 의미들을 가지고 있으니 허투루 생각할 수만은 없겠다.

학교에서 잘하고 싶어서 튀는 학생이 있다. 뭐든 열심히 하려고 하고 공부도 잘하고 싶어 하며 선생님에게 사랑받고 싶고 관심받고 싶은 몸짓을 하는 아이가 있어 물어보았다. "요즘 무슨 색이 제일 좋아? 유독 끌리는 색이 있니?"라고 물었더니 역시나 "노란색이요."라고 대답했다.

2장 서두 부분의 설명 중 미술가 고흐의 작품들에 대해 잠시 언급했었다. 그 그림들에 유독 노란색이 많다는 것이 위와 맥락을 같이 한다고 본다. 지금은 세계에서 가장 비싼 그림 들 중 고흐의 작품이 몇 개나 들어 있을 정도로 그의 위상이 높지만 그는 실제로 고집이 있어 화가에게 사사를 받거나 제대로 된 미술 교육을 받는 것을 거부하기도 하고 쫓겨나기도 하며 일반적인 배움의 학생 모습과는 거리가 있었다. 좋아하는 여자들과의 사랑도 매번 실패하여 음독자살 등으로 부모님마저 정신병원에 가 보길 권유했다고 한다. 그의 날카로운 신경질적 예술 활동은 많은 작품을 낳았지만 죽기 전까지는 빛을 보지는 못했다. 이에 그의 귀를 자르는 행동 등의 극에 치닫는 신경질적 행동으로 결국은 정신병원에 들어가고 만다. 이후 자살로 생을 마감하게 되는데 자살일까 아닐까에 관해서는 의견이 분분하다지만 컬러 심리적으로 봤을 때 충분히 자살할 수 있었을 것이라 여겨진다.

그림에 주로 사용한 노란색은 남들이 본인을 이상하게 보는 것에 대한 낮아진 자존감과 열심히 하고 있는데도 불구하고 인정을 제대로 받고 있지 못했다는 점, 스스로 느껴지는 날카로운 신경질적인 면 등이 충분히 힘들었기에 극단적 상황까지 갔을 가능성이 크다고 본다. 위의 아이돌 예시도 그랬지만 다른 점이 있다면 아이돌이 노란색을 온통 좋아하고도 안정된 생활을 할 수 있는 것은 치유를 했다는 것이다. 시간이 날 때마다 가까운 절을 찾아 기도를 하고 명상을 한다는 것이다. 아마 고흐도 누군가 그런 것을 미리 얘기해 주었더라면 치유를 통해서 어두운 생을 마감하는 결과는 없었을 것이라는 생각에 안타까움이 더해진다.

옐로가 끌릴 때 요약

1. 발전에 관한 문제에 노출되었을 때
    - 현실에서 성장하거나 발전이 미비하여 성과를 인정받지 못하고 멈춰 있는 듯한 상황에서 스트레스를 받을 때
    - 실수를 받아들이지 못하고 완벽함 안에 스스로를 가둘 때
    - 너무 많은 생각과 앞선 생각들로 혼란스러울 때
2. 자존감에 관한 문제에 노출되었을 때

- 시기심과 질투심이 많아지고 자존감이 낮아질 때
- 자신감과 자만심의 경계가 명확하지 않을 때

3. 기쁨에 관한 문제에 노출되었을 때

- 함께 있이도 외롭기나 뭔가 모를 두려움 속에서 기쁨을 되찾고 싶을 때
- 자신의 감정에 갇혀 타인을 비난하고 남 탓으로 돌리며 안 좋은 상황을 부정하고 있을 때

그린
관계 속에서 지쳐 가고 있나요?

내가 살아온 세월을 거슬러 '나는 어떤 컬러를 좋아했지?'라고 자문해 본다면 참 다양했다는 생각이 든다. 어릴 때의 기억은 거의 없고 성인이 된 이후부터는 기억이 나는데 주로 옷을 살 때 무슨 색깔에 항상 끌렸던가를 생각해 보면 알 수 있다. 20대 초기 한창 핑크와 레드가 좋았다. 그러다 결혼하기 전쯤부터 무채색이 쭈욱 좋았다. 결혼하고 나서는 우리 아이들에게 입혀 왔던 옷 색깔을 보면 내가 무슨 색이 좋아서 그 애들에게 주로 사서 입혔는가를 보면 알 수 있다. 그린이었다. 한참 동안 그린이 좋았다. 그러다가 바이올렛이 좋다가 오렌지도 좋다가 다시 핑크가 좋다가 지금은 블루가 좋다. 여기서 가장 오랫동안 좋아하고 끌렸던 컬러는 그린이다. 내가 가진 탄생 컬러인 레드의 성향으로 살면 속이 시원할 텐데, 그렇게 살 수 없는 환경이었다.

결혼 전에는 부모님이 엄한 편이어서 혼이 나거나 싫은 말 듣고 싶지 않아서 내 생각이나 하고 싶은 말들을 속 시원히 잘하지 못하며 꾹꾹 눌러가며 살아왔었고 결혼을 하니 더 힘든 시월드에서 내 존재는 그저 돈 벌며 아이 잘 놓고 집안일까지 잘하는, 사람처럼 생긴 로봇인 느낌이었다. 아니면 스스로가 로봇처럼 살기로 선택했는 건지도 모르겠다. 대부분의 사람들이 하고 싶은 말을 다 하고 실지는 않지만 나는 10은 얘기해야 하는데 1쯤 얘기하면서 살아온 것 같다. 그런데도 시어른은 "너는 네가 할 말 다 하면서 살았다."라고 하신다. 1쯤 한 얘기도 많이 거슬린 모양이다.

세월이 지난 지금은 그래도 마음이 편한 편이다. 이제는 하고 싶은 말을 좀 할 수 있을 나이가 되어서 그런가? 그래서 그린 컬러가 싫지도 좋지노 않다. 그러나 한창 속상한 마음에 눈물 꽤나 흘렸을 때는 그린이 그렇게 좋을 수 없었다. 지금도 또렷이 생각나는데 여러 가지 농도의 그린 중에서도 딱 좋아하는 채도의 그린 원피스를 누가 입었었는데 어찌나 예쁘던지 나도 그 색의 원피스를 사고 싶어서 쇼핑할 때마다 지나다닐 때마다 눈에 들어오는 그린은 계속 눈여겨보게 되었다. 결국은 그 그린 컬러는 사지 못했지만 또 다른 다양한 그린을 취하곤 했었다.

나와 상담을 하던 한 여인이 있다. 젊은 시절부터 지금까지도 그린이 계속 좋다고 한다. 쇼핑을 가게 되면 제일 먼저 눈에 들어오는 것은 그린이고 심지어 친구들도 지나다가 예쁜 그린을 보면 오히려 알려 줄 정도라고 한다. 그 여인은 직장에서나 시월드에서나 사람들과 관계 속에서 하고 싶은 말을 밖으로 잘 내뱉지도 못하며, 참는 것이 모두의 평온을 위해 최선이라 생각하며 하루하루를 견디며 산다고 했다. 그녀의 탄생 컬러도 그린이라 어쩌면 참는 게 체득되어, 남들이 보면 무척 힘겨워 보이는데 오히려 본인은 그러려니 하는 생각을 하고 있는 느낌이 들었다. 그녀에게 억지로라도 하고 싶은 말을 조금씩 해 보라고 한다면 할 수 없다. 탄생 컬러가 그린이기 때문이다. 평화주의자인 그린에게 참는 게 자연스럽지만 그린 에너지를 너무 많이 사용하다 보면 그린 에너지를 더 많이 끌어당겨서 사용해야 하기 때문에 아마 그린이 계속 끌릴 것이다. 오히려 그린이 너무 싫을 수도 있다. 이때는 외로움을 느끼고 있다든가 늘 걱정이 있는 사람이거나 사회생활에 잘 적응하지 못하는 사람일 수 있다. 나는 지금 어떤가? 생각해 보자.

학교에서 중간고사 시험을 마친 즈음 방과 후 수업으로 컬러 활동을 해 보았다. 우선 공부에 크게 관심 없는 학생들 중 그린을 선택한 학생들은 위의 예시와 거의 흡사하여 자기의 마음을 숨기고 남들의 의견에 잘 따르며 조용히 지내는 아이들이었다. 그러나 공부에 관심이 좀 있는 그린 학생들과의 상담에서는 학생들이 모두 시험을 치고 난 이후라 그런지 성적에 대한 비관이나 새로운 마음가짐 등 다양한 생각들을 하고 있을 때였다. 이들이 선택한 그린 컬러는 어떤 마음의 표현일지 얘기를 하면서 그들의 마음을 이내 알 수가 있었다. 아이들 대부분은 성적이 생각만큼 나오지 않아서 다음 시험을 더 잘 보기 위해 한껏 기대를 가진 상태이거나 잘 쳤지만 성적이 더 오르기 위해 다음 시험을 위한 공부 계획을 대단하게 세워 놓은 상태의 아이들이 많았다. 학교 공부만 하다가 새롭게 학원을 다니게 되었다거나 진로를 다른 방향으로 계획해 보고 있다거나 고등학교 진학을 위해 새로운 준비를 하고 있다는 내용들이었다.

그린은 새로운 일을 계획하거나 시작할 때, 또는 다양한 사람들과의 만

남이 잦아질 때도 끌리는 컬러이다. 또 다르게 일반인들과 상담을 하면 이사를 갈 계획을 하고 있다거나 새로운 도전을 위한 꿈을 꾸고 있다거나 새로운 프로젝터를 계획하고 있을 때도 그린이 끌린다는 얘기를 많이 들을 수 있다.

4번째 차크라인 가슴에 해당하는 것이 그린이다. 차크라의 가장 가운데 있으면서 평화를 유지하기 위해 노력하고 있다. 누군가로부터 받은 상처가 있거나 관계로 힘들어할 때 제4차크라는 불안한 진동을 한다. 이럴 때 그린 차크라가 안정된 진동을 하게 하기 위해서는 같은 주파수를 가진 그린의 에너지를 접하게 함으로써 공명이 되게 하여 안정된 주파수가 되도록 해 주어야 한다. 그래서 숲이나 산, 가깝게는 그린의 나무가 있는 공원이라도 다 좋다. 사실 누가 알려 줘서 그런 것도 아닌데 대부분의 사람들은 시간만 나면 나무가 있는 공원이라도 산책하고 있고 또 그렇게 하고 싶어 한다. 신기하게도 몸이 스스로를 치유하도록 끌어당기고 있는 것이다. 조용히 걷다 보면 내가 애써 무엇을 하지 않아도 자연히 공명되어 마음의 안정을 찾을 수 있다.

우리 몸이 건강해지기 위해서는 우리 몸이 가지고 있는 부분별 주파수들이 제대로 작동할 수 있도록 해 주고 특히 가장 많은 에너지를 사용하고 있고 마음에게 공명할 수 있는 그린 에너지를 자주 선물로 주도록 하자.

내가 컬러 공부를 하면서 와닿은 노래가 있다. 아주 오래된 곡으로 싱어송라이터 한대수 작사·작곡 〈행복의 나라로〉이다. 요즘 가끔 가수들이 리메이크를 하는 것을 들어 보았지만 나는 원곡이 제일 좋다. 가사가 세련된 건 아니지만 가사를 음미하며 한번 들어 보길 권한다.

행복의 나라로

한대수

장막을 걷어라
너의 좁은 눈으로 이 세상을 떠보자
창문을 열어라
춤추는 산들바람을 한 번 또 느껴보자
가벼운 풀밭위로 나를 걷게 해주세
봄과 새들의 소리 듣고 싶소
울고 웃고 싶소 내마음을 만져주
나는 행복의 나라로 갈테야

접어드는 초저녁
누워 공상에 들어 생각에 도취했소
벽의 작은 창가로
흘러드는 산뜻한 노는 아이들 소리
아 나는 살겠소 태양만 비친다면
밤과 하늘과 바람 안에서
비와 천둥의 소리 이겨 춤을 추겠네
나는 행복의 나라로 갈테야

고개 숙인 그대여

눈을 떠 보세 귀도 또 기울이세

아침에 일어나면

자신 찾을 수 없이 밤과 낮 구별없이

고개 들고서 오세 손에 손을 잡고서

청춘과 유혹의 뒷 장 넘기며

광야는 넓어요 하늘은 또 푸르러요

다들 행복의 나라로 갑시다

위의 가사에서 느껴지는 것이 있는가? 궁극적 목적은 '행복해지자'겠지만 사실 가장 귀담아듣고, 느꼈으면 하는 부분은 '아 나는 살겠소, 태양만 비친다면'이다. 내가 컬러를 여러분에게 알리고 싶은 마음을 한 줄로 정리해 놓았다고도 볼 수 있다.

그린이 끌릴 때 요약

1. 관계로 인한 갈등으로 힘들어할 때
   - 갑자기 나타난 타인에 의해 내 행복이 흔들리는 게 화 날 때
   - 관계로 인해 지쳐서 무기력해질 때
   - 관계로 인해 갈등이 빚어져 나만의 공간이나 쉼이 필요할 때
   - 믿었던 관계로부터 서운함이 들 때
   - 관계 안에서 꾹꾹 눌러놓았던 감정이 불쑥 올라올 때
   - 서로의 관계에서 자기만 노력한다는 감정에 억울함과 슬픔, 또는 과도한 죄책감에 사로잡힐 때

2. 새로운 일을 계획하거나 시작하려고 할 때

3. 역기능으로 게으름이나 우유부단, 자기 고집 등으로 판단이 흐려질 때

블루
스스로의 신뢰가 필요한가요?

앞서 잠시 언급했지만 요즘 나는 파란색이 많이 끌린다. 사는 옷들이 죄다 파란색이다. 이 모습을 보고 컬러 공부를 한 친구가 너무 쉽게 "왜, 요즘 소통에 문제 있어?"라고 무심히 툭 내뱉는다. 미안한 얘기지만 누구보다도 요즘 나는 많은 사람들과 소통하고 있고 심지어 너무 즐겁다. 파란색이 끌리는 데는 많은 이유가 있을 수 있는데 블루의 중심 키워드로 '신뢰'와 '소통', '책임' 등이 있다. 내가 나를 가장 잘 알기에 스스로를 판단해 보자면 자신에 대한 신뢰가 무척 필요한 시점이다.

나는 지금 교사 생활을 하고 있고 차후에 교직을 떠나 새로운 컬러 라이프 가이드 역할로 매끄럽게 전환하기 위해서 정말 많이 고민하고 계획하고 준비하며 노력하고 있다. 그런데 내가 가진 탄생 에너지에 오렌지 컬러가 있다. 오렌지의 특징 중에는 추진력은 갑이나 뒷심이 부족하여 끝마무리가 약한 점이 있다. 이런 경험들이 인생을 돌아보면 꽤나 있었던 듯하다. 그래서일까? 내가 준비하는 것들이 장기적 계획이다 보니

'이러다가 중간에 포기하는 것은 아닐까? 준비만 하고 결국 수포로 돌아가는 건 아닐까?' 스스로를 믿지 못하는 마음이 불쑥 불쑥 올라오곤 한다. 스스로의 신뢰감에 관한 문제인 것이다. 그때마다 스스로에게 용기와 새로운 다짐을 계속 주곤 한다.

20세기 최고의 화가로 손꼽히는 피카소는 푸른색만으로 그림을 그리던 시절이 있었다. 이 시기는 '청색시대'라고 불린다. 청년 피카소가 희망을 갖고 스페인에서 프랑스 파리로 향할 때 카사헤마스라는 단짝 친구와 동행을 하게 된다. 이들은 여기서 아름다운 파리의 모델을 만나게 되는데 친구는 첫눈에 반한 그녀에게 구애를 했음에도 받아 주지 않자 결국 가난에 쫓겨 둘은 다시 고향으로 돌아가게 된다. 그러나 친구는 우울증과 함께 상사병을 앓게 되었고 심한 우울증에 자신의 사랑을 받아주지 않던 파리의 그녀에게 달려가 권총으로 쏘고 자신도 스스로 목숨을 끊고 만다. 피카소는 친구 몰래 그녀와 사랑을 나눈 것에 대해 죄책감을 가지게 되어 결국 다시 파리로 돌아온 후 푸른색의 옷을 즐겨 입으며 세상을 온통 파란색을 통해 바라보는 세계관의 변화를 가지게 된다. 그러고는 한동안 파란색만으로 그림을 그리게 되는데 이때의 피카소의 그림을 '청색시대'로 묶어서 표현하고 있지만 그림을 찾아보면 블루와 로열 블루로 온통 이루어져 있다. 심리가 몹시 힘든 상태였음을 알 수 있다. 단짝이 없어지고 진정한 소통이 제대로 이루어지지 않았을 이유가 높고, 그래서 오는 깊은 우울감은 로열 블루가 대신하여 잘 표현되었다.

물론 이 청색시대는 새로운 사랑이 나타나면서 '분홍시대'로 그림이 완전히 변화하게 된다. 이렇듯 한때 끌리는 컬러는 그 시기의 심리상태를 보여 주는 것이기 때문에 스스로를 잘 살펴본다면 현재의 본인의 마음 상태를 잘 알 수도 있을 것이다. 전반부에 한 번 언급했던 〈나 혼자 산다〉에 나온 기안84의 전시회의 그림들도 거의 파란색으로 그렸다고 했었다. 그 또한 의사가 사람들과 소통을 많이 하라고 얘기해 준다. 당신은 지금 블루가 끌리는가? 그렇다면 원인이 뭔지를 차근히 생각해 보자.

블루가 끌릴 때 요약

1. 신뢰에 관한 문제에 노출되었을 때

    - 사람들과의 관계에서 신뢰가 무너졌을 때

    - 사람들로부터 능력을 인정받지 못해서 의기소침할 때

    - 스스로에 대한 믿음이 필요할 때

2. 소통과 관한 문제에 노출되었을 때

    - 진실한 관계로의 소통이 필요한데 그렇지 못해서 답답함을 느낄 때

    - 소통이 단절되고 혼자만의 시간을 필요로 할 때

3. 책임에 관한 문제에 노출될 때

    - 혼자 책임져야 하는 부담감을 느낄 때

    - 완고함으로 무책임한 행동을 하게 될 때

컬러 심리

터콰이즈
자신만의 동굴로 숨고 싶나요?

터콰이즈 컬러를 대표할 수 있는 것은 생각해 볼 필요도 없이 제주도 푸른 바다이다. 아는 지인은 제주도에 몇 년 살기를 실천하고 있는데 거기에 있다 보면 사람들이 다들 한량처럼 보인다고 한다. 컬러를 공부하지 않은 사람인데도 너무 정확하게 표현해서 깜짝 놀랐다. 탄생 컬러로 터콰이즈는 공부 빼고 다 좋아하고 다 잘한다고 할 만큼 노는 게 제일 좋은 컬러이다. 그런데 제주도 옥색 바다 빛을 계속 취하다 보면 누구의 방해도 받지 않으며 자신만의 세계를 즐기기에 충분할 것 같다.

연예인들도 삶에 지쳐서 훌쩍 떠나는 곳이 제주도인 경우가 많다. 어쩌면 제주도 옥색 바다가 그들을 부른 건 아닐까 하는 생각이 든다. 더욱이 터콰이즈를 가지고 태어난 사람은 자신의 색인 터콰이즈 바다와 같이 있으면 마음이 편안하고 안정감을 느낄 것이다. 이렇게 보면 한량이니 맘 편한 생활이니 쉽게 얘기할 수 있지만 사실은 이들은 믿었던 사람에게서 배신을 당해서 마음을 크게 다친 후 아무렇지 않은 것처럼 살면서 '난 괜찮아'라고 말하며 점점 타인과의 관계를 차단하고 있을 가능성이 크다. 그때 이 터콰이즈가 끌리는 것이다. 마음의 문이 점점 닫혀서 많은 사람들과 얘기를 하고 있어도 항상 혼자인 듯하여 외롭게 된다. 이럴 때 자신과 말이 통하는 소수와 만의 관계를 소중하게 생각하여 그들과의 관계만 유지하려 할 것이다. 이렇게 되면 점점 자신만의 고집이 강해져서 자신만의 세계에서 나오지 않게 되고 악순환이 일어난다.

학생 상담 얘기다. 이 학생은 학교 폭력 사건에 연루되었는데, 수시로 돈을 빌려주고도 돌려받지 못하고 돈을 떼인 학생들이 힘을 합쳐 돈을 받아 내기 위해 수시로 빙 둘러싼 채 녹촉하는 과정에서 먼저 돈을 갈취해 오던 학생이 오히려 피해자가 되는 사건이었다. 이 학생은 부모에게 학교 폭력을 당했다고 얘기했고 이어 전체 학생이 조사를 받게 되었는데, 사건의 전말을 안 그의 부모가 그냥 사건을 덮고 돈은 모두 돌려주며 마무리하는 일이 있었다. 여러 명을 상대로 조사하는 과정에서 학생들은 겁을 먹었고, 이 학생이 앞장서서 돈을 갚으라고 얘기했다는 이유로 다른 학생들도 슬쩍 잘못을 이 학생에게로 몰아가는 분위기에 몹시 마음의 상처를 받았다고 한다. 그때부터 친구들과 어울리기를 꺼려하며 쉽게 입을 떼는 행동이 줄어들고 점점 소극적으로 변하고 있다고 하였다.

상담을 하고 있는 순간에도 이 학생은 교복 안에 터콰이즈 후드티셔츠를 입고 있었고 좋아하는 색도 터콰이즈를 선택하였다. 위에 얘기했듯이 이 학생은 믿었던 친구에게 배신을 당했다고 생각했으며 친구들과의 관계를 차단하기 시작했고 여러 명과 얘기하고 있어도 결국은 혼자인 듯한 느낌이 들며 자꾸 혼자만의 영역으로 숨어 버리고 싶은 생각을 했다. 터콰이스는 많은 사람들이 좋아하는 청록색(민드색)으로도 질 알려져 있다. 터콰이즈의 농도에 따라 조금씩 다르겠지만 블루와 그린이 합해진 색이다. 어떤가. 여러분도 이 컬러가 좋았던 적이 있는가?

터콰이즈가 끌릴 때 요약

1. 믿었던 사람으로부터 상처의 기억으로 괜찮은 척하며 차단하고 있을 때
2. 머릿속에 생각이 너무 많아 실천하기 힘들 때
3. 뭔가의 새로운 마음가짐을 가져서 또는 훌쩍 떠나고 싶을 때
4. 많은 사람과 함께 있지만 혼자 있는 것 같이 외롭게 느껴질 때
5. 자신의 영역을 침범 당했다고 생각하거나 자유로움을 누리지 못해서 스트레스를 받을 때
6. 자신만 옳다는 고집이 강해져서 자신만의 세계에서 나오고 있지 않을 때

로열 블루
긴 터널을 혼자 걸어가고 있는 것 같나요?

무슨 일에도 용기가 있고 잘 웃으며 남들에게 희망적인 말을 잘 건네고 긍정적인 마인드를 가지고 있는 사람이 있다. 그는 다양한 사람들과 만남을 즐기며 또 그런 사람들에게서 에너지를 받는다고 한다. 자기가 좋아하는 일을 하고 있고 남들에게서 받는 칭찬으로 안정감을 느끼고 있다. 그러다가 새로운 일을 시작했다. 원래부터 하고 싶은 일이었고 부모님도 원해서서 시작했는데 자유로운 일을 하다가 시간과 공간에 매이는 일을 하면서 점점 힘이 들기 시작했다. 처음 해 보는 일이었기에 뒤처지기 싫어서 혼자 익히느라 많이 힘들어했다. 그를 마주하는 사람들은 이내 '지금 마음이 정말 힘들구나.'를 쉽게 느낄 수 있었다. 그는 점점 얼굴에서 웃음이 사라졌다. 마음이 너무 힘들어 상담소의 상담을 받으러 따로 가 본 적도 있다고 한다. 그래서 조금은 마음이 편해지는 듯했으나 근본적인 변화는 일어나지 않았다. 이때 이 사람의 눈에 들어오는 컬러는 로열 블루였다. 눈을 돌리다가도 그 컬러가 있으면 끌렸고 소품이나 옷들도 그 컬러를 선택하기 시작했다. 이것이 바로 로열 블루의 특징이다.

힘겨운 시간들이 끝날 것 같지 않은 두려움으로 느껴지며 어찌해야 할지 모르겠는 막막함과 허무감을 느낀다는 것이다. 남들은 일도 잘하는 것 같고 반짝반짝 빛나는 태양을 온몸으로 느끼는 것 같은데 자기만 힘들고 어두운 밤을 끝없이 헤매고 있는 느낌이라는 것이다. 이 고통에서 벗어나고 싶고 마음이 너무 힘이 드는데 빠져나오려고 할수록 더욱 깊이 빠지는 늪에 갇힌 것 같다고 했다. 그리고 일 년이 지났을까 그를 다시 만났다. 그는 힘들어하던 그 일을 그만두고 처음부터 해 오던 좋아하는 일을 다시 하고 있다고 했다. 지금은 너무 재미있고 다시 행복을 찾았다고 한다. 물론 지속적인 미래에 대한 고민은 계속되고 있지만 그래도 그가 말하던 늪에서 빠져나온 듯했다. 요즈음은 어떤 컬러가 끌리는지 물어보았다. 스카이 블루가 좋다고 했다. 블루 계열이다. 블루가 가지고 있는 특징이지만 흰색이 섞여 가벼운 느낌의 블루라고 생각하면 된다. 스스로의 신뢰가 필요한 걸까? 그래도 그 무겁던 로열 블루에서 해방된 것이 얼마나 다행한 일인가. 우리는 언제, 어디서, 무슨 일로도 로열 블루의 세계에 빠질 수 있다.

포기할 수 없는 길이라면 견디며 이겨 내야겠고, 끝까지 갈 수 없는 길이거나 선택이라면 빨리 포기하고 다른 선택을 하는 것도 앞의 경우처럼 현명하다고 여겨진다. 요즘 어두운 터널을 나 혼자 외로이 걷고 있는 것 같은 느낌이 드는가? 그렇다면 생각하라. 아무리 긴 터널도 끝은 있고 어두운 긴 밤도 새벽은 오는 법이니, '동트기 전이 가장 어둡다.'라는 말을 새기며 잠시 하늘을 보라. 깜깜한 밤하늘에 반짝이며 빛나는 별이 그대를 위로해 줄 것이다. 외롭다고 힘겨워 말라. 밤하늘 가장 빛나는 북극성이 해가 떠오르기 전까지 그대의 힘든 길 동반자가 되어 줄 것이니. 희망을 잃지 않기를 바란다.

로열 블루가 끌릴 때 요약

1. 현실에서 자신을 단단히 잡고 있던 힘을 잃고, 제대로 풀지 못한 현실의 문제를 자기 탓으로 여기는 마음이 너무 깊어 방향감을 잃었을 때

2. 주변과의 관계를 단절하고 고립되며 깊은 우울감과 외로움을 느낄 때

3. 일에 대한 융통성이 부족하고 유연성이 떨어질 때

4. 타인의 의견에 배타적이고 회피적이어서 관계의 어려움이 있을 때

5. 가장 긴 터널을 지나고 있는 것처럼 느껴지며 그 터널의 끝이 보이지 않는다고 느껴질 때

바이올렛
간절한 기도가 필요한가요?

바이올렛을 너무 좋아하는 학생이 있다. 이 학생은 엄마와의 관계가 남들이 보면 그저 그런 나쁘지도 좋지도 않은 관계이다. 그러나 상담을 하는 과정에서 엄마로 인해 몹시 마음을 다친 상태였다. 그러나 엄마에게 자신의 마음을 제대로 표현하지도 못하고 속앓이만 하고 있는 듯했다. 오히려 "선생님이 제발 얘기 좀 해 주세요."라고 할 정도로 절박했다. 엄마가 남동생만 챙기고 잘못을 해도 자기만 혼을 낸다는 것이다. 자기의 작은 행동까지도 일일이 입을 대면서 자기만 미워한다고 생각하고 있다. "엄마도 잘못을 하면 나에게 사과 좀 했으면 좋겠어요. 어른은 왜 아이들에게 잘못을 하고도 사과를 안 하는 거죠?" 이 아이는 집에서 엄마와의 갈등이 심해 보였다. 그래서 좋아하는 컬러도 바이올렛이고 자기가 가지고 있는 소품들도 바이올렛이었다.

또 다른 상담을 한 학생 이야기다. 때론 친구 같기도 했던 엄마가 갑자기 하늘나라로 간 학생이었다. 엄마를 잃고 학교생활은 별다른 이상 없이 여전히 충실히 잘해 나갔지만 가정에서 엄마의 빈자리를 스스로 채워야 했고 한창 엄마에게 기대야 할 나이에 혼자 걸어가야 한다는 무게감이 꽤나 힘들다고 한다. 물론 아버지가 있지만 그긴 엄마를 잃은 슬픔을 대신할 수는 없었다. 이유 없이 갑자기 우울해지기도 하며 사소한 친구들과의 웃음을 웃다가도 한순간 허전하고 멍멍한 느낌이 몰려와도 분위기 깨기 싫어서 아무렇지 않은 척 살았다고 한다.

큰 이별을 한 지 일 년이 넘어갈 즈음에는 바이올렛이 끌린다고 했다. 물론 바이올렛은 고귀하고 품위 있는 컬러이지만 이처럼 이 컬러가 계속 끌릴 때는 또 나른 해석이 따른다. 바이올렛은 지유의 컬러이다. 큰 슬픔에 직면했을 때 신의 도움이나 위로가 필요할 때, 스스로의 힘으로는 문제를 해결할 수 없어서 누군가의 도움이 절실할 때 이 컬러는 감정이 갈등을 유화시키려고 하는 자가 치유의 에너지다. 누군가가 대신해 줄 수 없는 아픔과 슬픔이기에 스스로 감당하고 버티고 경험하며 이겨 내야 하는 에너지다. 만약 본인이 견디기 힘든 정도로 스트레스가 심한 상태임에도 치유가 일어나지 않는다면 아마 스스로에게 가학적인 행동이나 좀 더 심각한 문제가 일어날지도 모른다.

우리는 어떤 스트레스에 직면하더라도 우리 몸의 주파수를 높여 주면 몸은 자연 치유가 되는데, 주파수를 높이기 위한 활동이 기도나 명상 등이다. 그래서 우리는 본능적으로 몸과 마음이 많이 지치거나 힘들 때 교회나 절을 찾으며 기도를 하게 된다.

제7차크라인 바이올렛 컬러는 영적 교류의 역할을 한다. 주파수가 높은 컬러로 신과의 교감을 할 때 가장 활성화되며 이때 우리 몸은 치유가 일어난다. 기도할 때 몸에서 나오는 에너지를 실험하는 것으로 '오라 에너지장 측정기'가 있는데 이 기기를 통해 보면 기도나 명상을 할 때 몸의 주파수가 높아져서 보라색 에너지의 흐름을 보인다. 신체에 써야 할 에너지가 영적 에너지로 사용되어 실제로 신체를 움직이게 하는 에너지는 많이 약한 상태가 된다. 이것으로써 바이올렛 컬러가 끌릴 때는 '내가 육체적으로 매우 피곤하거나 마음이 몹시 아픈 상태이구나.' '스스로 해결할 수 없을 만큼의 문제에 당면했구나.' '누가 좀 나를 이 힘든 상태에서 구원해 줬으면 좋겠다.'라는 마음이 들 때이다. 당신은 지금 바이올렛에 끌리는가?

> **참고**
>
> 오라(aura) 에너지장이란 물체나 인체로부터 주위에 발산되는 영험한 기운의 전기장 자기장이다. 흔히 아우라라는 말로 많이 쓰이며 멋있는 사람을 보면 주위에 아우라가 느껴진다고들 하는데 실제로는 눈으로는 보이지 않지만 오라 에너지 측정기로 보면 여러 가지 컬러로 에너지가 표시되며 각자 표시되는 컬러별로 그 사람이 가지고 있는 에너지를 측정할 수 있다.

바이올렛이 끌릴 때 요약

1. 감당할 수 없는 큰 슬픔을 맞이했을 때
2. 제발 이 힘든 상황에서 나를 버리지 말고 꺼내 달라고 신께 간절히 빌고 싶을 때
3. 주변에 사람이 있어도 나를 모두 떠나 홀로인 듯할 때
4. 자격지심이 나를 짓누를 때

5. 자신의 가치관을 이해받지 못하거나 주어진 현실에 적응하지 못해 스트레스를 받는 상태일 때

6. 정서적으로 많이 불안해하며 무기력감과 우울감에 쉽게 빠질 때

7. 쉽게 포기하고 싶어지며 자신감을 크게 잃은 상태일 때

핑크
사랑에 대한 이슈가 있나요?

학생들이 좋아하는 색을 선택해서 색칠할 때 가장 쉽게 컬러를 결정해서 쓱쓱 그려 나가는 컬러가 핑크이고 그래서 가장 눈에 띈다. 남자아이거나 여자아이거나 온통 핑크로 채운 학생들은 깊은 대화를 나누기 전이었으나 금방 봐도 알 수 있었다. 물론 이 핑크는 더 깊은 아픔을 가지고 있는 경우도 있으나 지금은 일단 이들이 커플이거나 고백을 했다가 거부당했거나 '나도 사랑해 보고 싶다.'라고 생각하는 아이들이었다. 이들은 한창 사랑에 관심을 가지는 나이대여서 그런지, 컬러별 특징을 미리 강의한 이후라 그런지 각자가 표현한 서로의 색을 보고 다른 컬러보다 유독 관심을 보이며 이내 자기네들끼리 해석해 주고 있었다. 따로 개인 상담을 필요로 하는 학생이 아니면 일부러 공식적 자리에서는 물어보지는 않지만 연애담은 애들이 해 주는 얘기만으로도 충분히 알 수 있었다. 이렇게 이성에 대한 사랑의 감정이 나올 때도 핑크가 눈에 들어온다. 핑크가 내는 에너지를 옆에 사람이 모를 수가 없다. 옛날부터 전해 오는 말에도

'사랑과 재채기는 숨길 수 없다.', '눈에서 꿀이 뚝뚝 떨어진다.'라는 말이 있듯이 눈빛에서 나오는 핑크 에너지를 옆에서도 우리는 충분히 느낄 수 있다.

　지인 중에 핑크를 몹시 좋아하는 사람이 있다. 결혼하고부터 남편과 주말부부로 20년 정도를 살다가 지금은 매일 보지만 남편의 직업 특성상 늦은 밤 귀가로 주말부부 때와 별다름 없이 지내고 있다. 평소 아빠의 빈자리를 느끼지 않게 하기 위해서 아이들에게 두 배의 노력을 했다. 어릴 때는 아이들 체험활동 등도 혼자 데리고 다니며 시간을 보내고, 가까이 계신 부모님께는 효녀로서 자주 들여다보며 애썼고 특히 아이들의 공부에 있어서는 자식이 열심히 한 것도 있지만 반은 엄마의 열정과 노력이었다고 해도 과언이 아닐 정도로 앞에서 이끌고 뒤에서 밀어주며 최선을 다하는 것을 보았다. 나는 저 정도로 할 수 있을까라고 생각했을 때 못할 것 같았다. 자식 모두 최고의 대학에 보내는 성과를 내어 모두의 부러움을 한 몸에 받았다. 핑크를 좋아한다는 엄마를 위해 자식들도 생일에는 핑크 아이템으로 선물을 준비한다고 한다. 집 안의 인테리어도 핑크와 마젠타가 주 컬러로 들어가 있다. 이제는 자식을 조금씩 내려놓는 연습을 하라고 얘기해 준다. 그러겠다고는 하는데 쉽지는 않을 것이다.

　그녀는 결혼 초 누구나 경험하는 알콩달콩한 신혼생활을 주말부부로 시작하여, 핑크빛 사랑보다는 혼자 일어서기 연습부터 해 왔다고 볼 수 있다. 그러다 보니 주고 싶고 받고 싶은 사랑이 온통 자식에게 갔을 것이 틀림없다. 온통 자식을 위해 헌신하며 강한 엄마로 자리하고 있으나, 실제로 결혼생활에서 서로가 의지해야 할 부분이 얼마나 많은가! 채워지지 않는 사랑의 에너지가 때로는 비싼 물건을 쉽게 카드를 꺼내어 긁기도 하는데 이는 어쩌면 사랑을 대신 채워 줄 남편의 빈자리에 대한 본능적 행동이 아닐까 생각한다. 물론 이렇다고 해서 이들이 행복하지 않다는 것은 아니다. 다들 나름의 방식대로 살아가는 방법이 있기 때문이다. 그러나 한 가지 컬러에 이렇게 오랫동안 끌린다는 것은 그냥 묻어 둔 거지 치유된 것은 아니라는 것이다.

나도 한동안 핑크가 끌릴 때가 있었다. 남들에게 당당해 보이고 충분히 사랑스럽다는 얘기도 들었지만 나는 받아들이지 못했다. 학생들이 "선생님, 오늘 예뻐요."라고 하면 고맙다고 하면서 웃고 행복해하면 될 것을 나는 그렇지 못했다. '나는 예쁘지 않은데 애들이 나를 놀리는 것일까?'라고 생각하며 오히려 기분이 나빠졌다. 남편이 해 주는 예쁘다라는 말도 곧이곧대로 들리지 않아서 속으로는 기분이 별로일 때도 있었다. 남들이 나를 싫어할까 봐 애써 더 밝게 웃고, 들어서 거슬리는 말은 하지 않으려 했다. 모두 내가 사랑받고 싶은데 사랑을 받지 못할까 봐 생기는 현상이다. 이는 어쩌면 어릴 때 부모로부터 충분한 사랑의 표현을 받지 못한 데 대한 역기능이라고 볼 수 있다.

핑크는 '자기 수용'이 매우 필요하다는 것을 알려 주고 있다. 내가 얼마나 사랑스러운지, 나를 무조건적으로 믿어 주고 지지해 주는 힘과 사랑이 얼마나 필요한지, 충분히 사랑스러움에도 불구하고 그 매력을 인정하지 못하며 더 사랑받기 위해 애를 쓰며 혼자 눈물을 흘리고 있는 건 아닌지, 지금 핑크가 눈에 들어오는 당신도 이런 경우라면 사랑받기 위해 애써 무얼 하지 않아도 된다. 있는 그대로도 충분히 아름답고 사랑스러운 자신을 다독여 주고 스스로를 사랑해 주어라. 그 믿음이 진짜 당당한 당신으로 다시 태어나게 해 줄 것이다. 내가 나를 사랑하지 않으면 남도 나를 사랑해 줄 수 없다는 것을 명심하라.

핑크가 끌릴 때 요약

1. 사랑받고 싶을 때
2. 무조건적인 사랑이 그리울 때
3. 내 존재 또는 나의 사랑이 타인에게서 거부당한 느낌이 들 때
4. 자기 수용이 필요할 때
5. 사랑에 대한 상처로부터 회복하고 싶을 때
6. 엄마의 편안한 품속이 그리울 때

마젠타
자신은 돌보지 않고 남을 위해서만 기도하나요?

한평생을 남편을 위해 희생하며 자식 키우고, 지나가다가 불쌍한 사람만 봐도 그냥 지나치지 못하며 주위에 음식을 나누며 큰마음으로 살아오신 분이 있다. 그녀는 지금 남을 위해서는 자신을 다 내어놓고 살았지만 정작 본인의 건강을 제대로 챙기지 못하며 살아왔다. 이분은 마젠타가 탄생 컬러로 충분히 그렇게 사셨을 것이라는 생각이 든다. 그러나 현재는 마젠타가 자꾸 끌리는, 마음이 힘든 시기를 겪고 있다. 삶에서 스스로가 우선순위에서 밀리며 자신을 돌보지 못하며 살아왔고 그러다 보니 몸과 마음이 지치는 순간이 온 것이다. 현재의 생활 환경도 만족스럽지 않고 의무감으로 뭔가 하고 있는 나 자신도 싫고 가지고 있는 이 무거운 책임감도 힘겹게 된 것이다. 이 모든 것이 스트레스이며 다시 손을 잡아 줄 누군가를 필요로 하며 기분이 회복될 수 있는 인생의 재미가 오기를 바라는 것이다. 그러나 그림자 모습이 나오고 있었다.

평소에 자신이 느끼지 못할 만큼의 자기중심적이며 독단적인 부분과 쉽게 바뀌거나 남의 의견을 수용하지 않는 태도 등으로 지금은 주위 사람들과도 잘 섞이지 못하는 결과가 일어나고 말았다. 이렇게 타인을 무시하고 마음대로 조종하고 싶어지는 것도 마젠타의 그림자 면이다. 이분은 자식들도 나름 잘 키워서 평범하게 잘 살고 있어서 걱정과 욕심을 내려놓고 그분에게 주어진 모든 것들에 감사한 마음을 다시 가진다면 지금의 힘든 마음은 훨씬 더 평화로워질 수 있다. 그렇지 않을 경우는 작은 일 하나까지도 항상 불만을 표현하거나 나무라거나 잔소리를 하게 되는데 주위의 사람들이 하나씩 떠나게 된다. 젊었을 때 사심 없이 남들에게까지 내어 주는 자신의 넓은 아량과 사랑의 마음을 되찾고 싶다면 매사 감사의 마음을 가지는 것이 좋겠다.

주위를 둘러보라. 혹시 나이 드신 아주머니나 할머니들이 보이는가? 무슨 색 옷을 주로 입고 다니시는가? 마젠타 색이 참 많다. 여기에 흰색이 좀 더 섞여서 꽃분홍색이라고 불리는 색도 있다. 계모임이라도 열리는 날에는 삼삼오오 놀러 간다고 입고 오는 옷들이 대부분 레드, 마젠타, 꽃분홍색들이다. 레드는 앞서 얘기했고, 마젠타는 좀 더 여성스러운 매력을 발산하고 싶을 때나 원초적인 에너지가 필요할 때, 누군가 내 손을 잡아 줄 누군가가 필요할 때 필요한 컬러로 많이들 취하고 있다. 그리고 오랜 세월 살다 보니 누군가에게 필요한 사람으로 열심히 살아왔는데 이제는 무엇을 위해 살아야 할지 막막함을 느낄 때, 그래서 신에게 기도로 매달리게 될 때 주로 찾게 되는 컬러이다.

지금 당신은 삶의 균형을 잃고 지치고 고단한 일상을 보내고 있는가? 예전에 힘차게 일하며 누군가에게 도움이 되는 그때로 돌아가고 싶은가?

그렇다면 마젠타를 가까이해 보라. 이 컬러는 내가 길을 잃어비렸을 때, 내 삶에서 감사함을 잃고 살아가고 있을 때, 이 평범한 삶이 행복인지를 모를 때, 나 혼자 일어서기 힘들어할 때 어디선가에서 내게 손을 내밀어 줄 수 있는 귀인을 만나게 해 주는 마법 같은 컬러다.

모든 것에는 연습이 필요하다. 지금부터라도 자신을 살피며 돌보는 연습을 해 보자. 타인을 보살피는 것만큼 나를 돌보며 사랑하는 것도 매우 중요하다. 남에게 도움을 받는 것보다 주는 것에 더 익숙한 당신. 때로는 혼자 해결하기보다는 잠시라도 무거운 짐을 내려놓을 수 있는 시간과 용기가 필요하겠다. 그리고 마음을 충전하라. 당신은 신이 주신 선물 같은 존재이다. 그 에너지를 충분히 가지고 있어야 오랫동안 나와 사람들이 모두 행복해질 수 있다.

마젠타가 끌릴 때 요약

1. 자신을 돌보고 있지 못해서 삶의 우선순위에서 밀려 있을 때
2. 지치고 고단한 일상에서 스트레스를 느낄 때
3. 여성스러운 매력을 발산하고 싶을 때
4. 마젠타 본연의 소명을 찾고 싶을 때
5. 누군가 내 손을 잡아 주기를 바랄 때

무채색
자신을 드러내고 싶지 않나요?

빛에서 나오는 수많은 컬러 중 빨강이나 파랑 등 제일 좋은 하나를 고를 때는 인생의 희로애락 등의 일상적인 감정이 반영된다. 그런데 그 많은 컬러를 뒤로한 채 아무 색도 없는 흰색이나 검은색, 회색 등의 무채색을 선택하는 경우는 자신의 감정을 억제하거나 또는 감정을 아예 모른 채 살아가거나 스스로의 감정을 꺼내 보는 것을 사치라고 생각할 수 있는 상황까지도 생각해 볼 수 있다.

흰색의 경우는 일반적으로 웨딩드레스의 순백의 경우처럼 티끌도 없는 맑고 깨끗함을 상징하듯이 평소에 옷을 입을 때도 거의 흰색을 입는 경우라면 그 사람은 흰색을 성스러움의 상징으로 삼고 있거나 결벽과 같은 강박의 일종으로 지나치게 깔끔함을 추구하며 정리 정돈에 집착하고 세균이나 오염을 두려워하고 소독에 집착하는 증상 등이 나올 수 있는 극한의 심리 상태와도 관계가 있을 수 있다.

회색을 선호하고 옷도 거의 회색을 선택해서 입는 경우의 사람들이라

년 삶에 컬러가 없는 것이다. 이는 사는 게 하나도 즐겁지가 않다는 것이다. 재미있는 것도 없고 열심히 하고 싶은 것도 없고 욕심을 부리고 싶은 것도 없다. 욕심을 부려 봤자 어차피 나는 힘들다는 것을 알고 미리 포기하고 있는 상태일 수도 있다.

검은색을 좋아하는 사람들은 꽤 있다. 남자들에게서 좀 본다. 검정은 어둠을 향해 걸어가면서도 빛을 향해 나아가려는 의지가 공존한다. 왜냐하면 검정은 모든 빛을 다 흡수하여 검정으로 보이기 때문이다. 그래서 다양한 감정이 있으나 검정에 숨어서 자신을 보호하고자 하는 면도 있고 가지고 있는 힘의 어두운 측면을 나타내기도 하며 자신을 내보이기 싫어하는 사람일 수도 있다. 그래서 지금은 모든 잠재력의 중심에 있으며 언제라도 숨어 있는 많은 컬러 중 꺼내고 싶은 컬러를 꺼내서 보여 줄 때가 있을 것이다.

청소년기, 흔히 사춘기 시절에 흰색, 검은색, 회색을 선택하는 아이들이 있다. 모두들 현재의 감정 변화에 많이 힘들어하며 자기 자신에 대해 꺼내 놓기 싫어하고 품고 있는 생각은 많겠으나 내보이려 하지 않는다. 그러나 지금 그렇다고 해서 계속 그렇지는 않다. 중1들이 선택하는 컬러들은 그래도 알록달록한 편이다. 그러나 중2 학생들은 무채색이 꽤 많고 단순해진다. 그러다가 중3만 되어도 컬러가 좀 더 화려해진다. 제일 무서운 중2라서 그런가 보다. 그러나 어른이 되어서도 무채색만 고집을 한다면 자신의 감정의 변화를 차분히 돌아보면 좋겠다. 물론 오랫동안 무채색만 고집된 경우라면 스스로 평가해서 돌아보기란 쉬운 일이 아닐 것이다. 왜냐하면 그런 지금의 자기 모습이 벌써 좋아졌기 때문일 것이다. 많은 컬러를 가지고 있고 컬러가 보이는 속성대로 살아가고 있지만 이 모든 것은 많은 사람들과 조화를 이루며 행복하게 사는 것이 중요한 것이 아닐까? 그래서 나의 컬러와 내가 끌리는 컬러를 통한 나의 심리 분석과 치유는 정말 중요한 과정이라고 볼 수 있다.

무채색이 끌릴 때 요약

1. 현재와 미래의 불확실함에 불안할 때
2. 남들에게 내 자신을 내보이기 싫을 때
3. 큰 변화를 앞두었을 때(인생의 전환점)
4. 많은 이슈들을 겪으면서 빨리 흘러가기를 바라고 있을 때
5. 숨어서 자신을 보호하고 싶을 때

컬러의 효능과 활용

지금까지 컬러에 대해서 알아보았다면 우리는 이제 이 컬러를 어떻게 활용하여 내가 힐링하는 데 좀 더 도움을 받을 수 있을지에 대해 알아보겠다.

컬러는 오감(視 시, 觸 촉, 聽 청, 嗅 후, 味 미)을 통해서 얻게 되는데 내 몸의 어느 한 부분이 제대로 된 주파수를 내고 있지 않을 때 지속적으로 흡수된 컬러가 일정의 주파수를 내게 되면 결국 공명을 이루어 내 몸도 안정된 주파수를 낼 수 있도록 도와주는 것이 컬러의 오감 힐링이다.

먼저 눈으로 힐링하는 것이다. 빛이 우리 눈으로 들어와서 추상체를 거쳐 뇌로 정보를 보내면 각 컬러들이 우리 몸에 반응을 일으켜서 필요한 감각을 만들어 우리가 느낄 수 있다.

두 번째는 피부에 닿아서 컬러를 취하여 힐링하는 것이다. 천연 컬러 에센스 오일을 피부에 발라서 에너지를 받는 것인데 아로마 에센스 오일 마사지 등이 여기에 속한다. 에센스 오일은 태양의 에너지를 잔뜩 받고 자란 식물에서 나온 유기물로 주파수가 52MHz부터 320MHz까지의 종류들로 이루어져 있다. 몸과 마음의 상태에 맞게 이 오일들을 가까이 하는 것만으로도 우리 몸의 주파수를 높일 수 있겠다. 또는 주로 입어서 피부에 접촉되는 옷에서도 에너지를 얻을 수 있다.

세 번째는 귀로 들어서 힐링을 하는 것인데, 컬러를 귀로 들을 수는 없다. 단지 컬러별로 가지고 있는 주파수와 같은 주파수를 가진 음높이들이 있다. 흔히들 알고 있는 것으로는 명상을 할 때 사용되는 싱잉볼의 울림이나 명상용 음악들과 자연의 소리 등이 마음의 안정을 찾게 해 주는 주파수다.

네 번째로 향기를 맡아서 힐링하는 것이다. 사람은 향기에 의해서 기분이 달라지는데 뇌에서 향기가 전달되는 부분과 쾌와 불쾌를 느끼는 편도체가 아주 가깝기 때문이다. 향을 만들어 내는 꽃이나 재료늘이 가진 효능을 알고 시기와 장소에 적절하게 활용하여 힐링할 수 있겠다.

다섯 번째 맛으로 힐링하는 것이다. 음식의 식재료가 신선할수록 좋은 에너지를 받는다는 것은 모두 알 것이다. 그러나 우리가 살펴볼 것은 꽃잎 차(tea)이다. 꽃잎 차의 컬러별 에너지와 우려냈을 때 컬러별 효능으로 힐링의 방법을 찾을 수 있다.

視(시)·觸(촉)
– 컬러 내 눈에 들어오고 피부로 느끼다

● 레드

빛이 있는 곳에서 레드는 눈에 가장 잘 띈다. 추상체가 레드에 가장 빨리 반응해서다. 부부관계에서 뜨거운 밤을 보내기 위해 속옷이나 잠옷을 레드로 산 적이 있는가? 예쁘게 보이려고 빨간색 립스틱을 진하게 발라본 적이 있는가? 레드는 영혼을 움직이는 컬러가 아니다. 본능에 의해 몸이 움직이는 컬러이기도 하고 파장이 짧아서 가장 먼저 시각을 자극하여 유혹에 넘어가게 할 수 있는 컬러다. 그래서 속옷이나 립스틱을 레드로 준비했다면 아주 적절했다고 할 수 있다. 데이트에서의 빨간색 활용을 잠시 얘기하고 가자면 여러 명이서 함께하는 미팅에 참여할 경우 나만 빨간색 드레스를 준비한다면 성공 확률을 높이는 데 도움을 줄 수 있을 것이다. 그러나 짧은 시간 안에 매력적으로 보이는 것일 뿐 긴 시간을 보내게 된다면 제대로 된 이성적 판단으로 돌아가니 염두에 두어야 한다. 다시 부부관계로 돌아가서 침실을 레드 컬러 조명으로 은은하게 준비하거나 빨간 장미를 꽂은 병을 침대 옆에 두거나 침구를 레드로 바꿔 봐도 좋을 것이다. 그러면 오늘 밤 애국가를 아무리 부른다 할지라도 그냥 손만 잡고 자기는 힘들 것이다.

레드는 에너지를 밖으로 끌어내며 사람들의 시선을 끄는 색으로 사람을 흥분시키며 특히 남성 호르몬의 분비를 촉진시켜서 성적 흥분을 일으킨다고 한다. 혈액 순환을 자극하고 에너지를 회복시켜 활력을 더해 줄 수 있다. 평소에 양말, 장갑, 스카프, 속옷, 내복 등으로 쉽게 레드 에너지를 받을 수 있다. 그러나 매일 레드 컬러로 둘러싸인 곳에 노출된다면 맥박수가 올라가며 일상적인 생활이 불가능하게 될지도 모른다.

예전에 TV 프로그램 〈무한도전〉에 개그맨 노홍철 집이 나왔는데 온통 빨간색으로 인테리어되어 있었다. 이런 환경에 오래 머무르게 되면 감정 조절이 어려워지고 불안 승세가 나타날 수 있으며 좁은 공간에서는 폐쇄 공포증이, 침실이라면 불면증이 유발되므로 주의해야 한다. 이렇듯 컬러는 적절한 곳에 적절하게 사용되는 것이 매우 중요하다.

레드는 우리 몸의 성기와 생식 기관, 난소 등과 관련되어 있어 혈액 순환을 원활하게 도와주며 헤모글로빈의 생성을 돕고 있어 신경 조직을 자극해 마비가 수반되는 질병에 매우 효과적이다. 이런 컬러의 건강 관련 효능은 현재 의학계에서도 활용하여 사용하고 있다. 혈액 순환이 제대로 되지 않거나 빈혈, 감기, 폐렴 등과 몸에 한기를 느낄 때 사용하면 좋고, 심리요법에서 소심하거나 우울증이 있는 사람들은 내면에 쏠려 있는 에너지를 밖으로 분산시켜 주어 증상을 완화시키는 데 도움을 받고 있다.

레드와 블루로 방 탈출 실험을 한 결과가 있다. 거기서 모두 레드 방은 시간을 채우지 못하고 나오며 블루 방은 시간을 넘겨서 나왔다 여기서 알 수 있는 사실은 레드는 시간이 빨리 흐르는 느낌이 들며 블루는 시간이 느리게 흐르는 느낌이 든다는 것이다. 레드 방에서는 맥박이 더 빨리 움직여지고 흥분되며 혈압이 높아지는 실제적 반응이 일어나기 때문이다. 이것이 잘 활용된 곳이 패스트푸드점에서 레드를 적절하게 잘 매치하여 인테리어 한 것이다. 고객들이 빨리 먹고 자리를 비워 달라는 의미다. 또한 빨리 결론을 내려야 하는 회의 공간 등에 붉은색 소품을 활용한 인테리어는 빨리 아이디어를 쏟아내며 적절한 긴장감을 조성하여 효과를 볼 수 있다.

● 오렌지

다운된 기분을 업시키기에 화끈한 떡볶이만 한 게 없다. 다들 경험이 있을 것이다. 먹고 나면 기분이 좋아지는 것을 느꼈는가? 물론 매운맛이 주는 에너지도 있지만 떡볶이는 오렌지 컬러이고 식욕을 가장 자극하는 컬러로 주방 용품이나 식기 등 소품에 활용하면 좋다. 또한 쾌감 호르몬의 분비를 자극하여 즐겁게 대화하기 위해서 모이는 곳으로 가정에서는 거실, 부엌 등, 상업 공간에서나 회사의 로비 등에 인테리어로 활용해도 좋다. 특히 어린아이들이 가장 호기심을 보이는 색으로 놀이방의 장난감이나 벽에 포인트, 소품 등으로 활용하면 좋겠다. 아이디어가 곧 업무인 창의적 집단에서는 이 오렌지 컬러로 사무실을 꾸미는 것도 하나의 좋은 방법일 수 있다. 그러나 오히려 집중해서 일을 해야 하는 곳이나 학생들 공부방에서는 절대 사용하는 것을 자제하기 바란다.

오렌지의 에너지는 기본적으로 빨강과 노랑이 합쳐진 것으로 빨강과 노랑의 에너지를 모두 가지고 있어 혈액 순환과 신경계와 호흡기계, 소화기 계통에 모두 영향을 미친다. 따라서 임산부라면 건강한 아기의 뼈와 이, 손톱 등을 형성하기 위해 오렌지 컬러를 많이 취하면 효과적이다. 오렌지를 많이 믹는 것도 좋은 방법이겠다. 또한 아랫배 부분에 오렌지 컬러의 에너지를 주려면 셔츠나 바지, 속옷도 좋겠다. 몸 안의 가스를 배출하거나 장이 자주 꼬이는 사람이나 복통, 생리통, 변비 등으로 고생하는 사람에게도 효과적이다.

　오렌지의 옷을 입으면 기운을 북돋워 주고 사람들과 있으면 대화나 유머를 자극하는 성질이 있어서 다른 사람들까지도 웃게 만드는 효과가 있고 나를 매력적인 사람으로 보이게 하는 컬러이므로 면접 등에서 오렌지 컬러의 코사지나 넥타이핀 등의 포인트를 준다면 본인을 훨씬 매력적인 사람으로 돋보이게 하는 효과를 줄 수 있다. 또한 내가 맞서야 하는 두려움이 있거나 이겨 내야 하는 슬픔이 있다면 이 또한 오렌지 에너지를 받으면 좋겠다. 이때는 처음부터 많은 양의 오렌지 컬러를 취하기보다는 조금씩 다가가는 것이 더 좋겠다.

● 옐로

　옐로는 태양의 컬러이다. 따라서 빛이 많이 들어오지 않는 공간이나 조명 상태가 양호하지 않는 곳에 사용하면 밝아 보이는 효과를 얻을 수 있고 공부방에 적절히 활용한다면 집중력을 높이는 데 도움을 받을 수 있

나. 활기차고 즐거운 분위기를 만들어 주므로 그러한 분위기를 원하는 곳이면 적절히 활용하면 좋겠다. 그러나 옐로가 오히려 과하게 사용될 경우에는 분쟁과 마찰이 생길 수 있으므로 많은 아이들이 몸을 부딪치며 활동하는 운동장이나 체육관 등에는 사용하지 않는 것이 좋겠고 정신병이나 노이로제로 힘들어하는 사람은 사용하지 않기를 권유한다. 또한 너무 선명한 옐로는 정신적으로 피로해지고 생각이 너무 많아지고 혼란스러워질 수 있으니 신중하게 선택해야 한다. 그러나 명도가 높아서 눈에 잘 띄므로 검은색과 배색하여 안전 표지판 등 위험을 알리는 곳에 사용되는 것은 많이 봐서 알 것이다.

옐로는 우울하거나 기분이 다운되었을 때나 자신감이 많이 필요할 때 밝고 긍정적인 사고를 할 수 있도록 도와주며 낮은 자존감을 올려 주며 즐거움과 기쁨을 만들어 주며 뭔가가 두려워 맞설 수 없을 때 공포감을 몰아내 주는 효과가 있다. 면접이나 프레젠테이션, 협상에서 빈틈없이 보여야 하는 경우라면 옐로 스카프, 넥타이, 행커치프 등을 활용하는 것이 좋겠다. 근육을 강화시켜 순환 작용이 잘 되게 하는 등 내장 운동을 통해 소화불량이나 변비를 해결해 준다. 따라서 화장실의 인테리어에 옐로를 쓰면 효과적이다. 또한 몸속에 저장되어 있던 칼슘의 활성화를 도와 관절을 풀어 주거나 나이가 들어 생기는 관절염 등의 뼈 건강에 도움을 준다. 약국에서 혹시 관절염 패치를 사서 붙여 보았는가? 노란색인 이유가 여기에 있다.

● 그린

여러분은 마음이 심란할 때 어디에 가면 힐링이 되는가? 동네 공원이나 앞산, 나무멍, 숲멍이 도움이 되는가? 그렇다. 그린이다. 마음을 차분하게 만들어 긴장을 이완시키기 때문에 직접 그린을 취할 수 있으면 좋겠으나 항상 산에 오를 수는 없으니 주로 거실이나 발코니에 화분이나 식물을 두어 자연환경을 실내로 끌어들이는 것이 가장 좋겠다. 이것도 여의치 않을 때는 그린 컬러의 쿠션, 카펫, 액자 등의 소품으로도 활용하면 좋다. 그러나 어두운 그린은 오히려 원기를 떨어뜨리는 효과가 있기에 졸음이 오거나 분위기가 침체되므로 조심해서 사용해야겠다. 그래도 공격성이 있는 아이에게는 방이나 옷의 컬러로는 사용해도 괜찮겠다. 그렇다고 해서 거실을 통째로 그린으로 모두 도배를 한다면 긴장을 완화하고 혈압을 낮추어 진정시켜 주는 효과는 있겠지만 졸음이나 짜증을 유발할 수 있으므로 적절히 활용하는 것이 가장 좋겠다.

그린은 심장과 폐의 기능에 직접적인 영향을 미치므로 응혈을 풀어 주며 세포 조직의 유해 물질을 제거하는 데 도움을 주어 종기와 낭종 치료에도 유익하게 쓰이고 있다. 눈의 피로를 풀어 주고 심리 상태와 관련된 질환을 치료하는 약물에 많이 쓰인다. 천식이나 기관지염, 협심증 등 가슴 질환에 효과적이며 감기나 두통이 자주 오는 사람이라면 그린은 몸의 균형을 찾아주기 때문에 완화시키는 데 효과적이다. 또한 새로운 결심을 하게 되었을 때, 목표를 제시해 주는 심리적 작용을 돕기 때문에 사용하면 좋겠다.

● 블루, 로열 블루, 바이올렛

레드에서 잠깐 언급했었던 방 탈출 실험에서 나온 결과로, 블루는 시간이 느리게 가는 것 같은 효과가 있다. 같은 20분이 흘러도 15분 정도만 흘렀다고 생각되는 것이다. 따라서 오랜 시간 같은 일을 반복해야 하는 사무실 등에서 블루 인테리어를 한다면 상대적으로 지루함을 덜 느낄 수 있다. 공부방도 마찬가지다. 활동력 높은 아이들이 공부에 마음 두기 힘들다면 마음을 차분히 진정시키고 편안하게 해 주어 스트레스를 줄여 주는 블루로 인테리어를 하여 사고력을 높여서 공부에 좀 더 집중할 수 있도록 하면 좋겠다. 치료실, 욕실, 사무실 등에 잘 어울리나 오히려 활발한 신체 활동이 필요한 곳에는 적당하지 않다.

블루의 신뢰, 성실, 정직의 이미지로 면접을 볼 때나 영업을 하기 위해 사람을 만날 때, 계약을 맺어야 할 때, 상대방에게 신뢰감과 호감을 가지게 하므로 블루 정장이 좋다. 지금도 많은 남성들이 정장으로 활용하고 있다. 특히 한국 사람의 피부 톤에 가장 잘 맞기도 하고 잘 어울리기도 하며 차분해 보이고 젊어 보여 이성적인 대화가 잘 될 것 같은 느낌을 준다. 컬러 자체로 차가운 느낌을 가지므로 여름에 시원하게 사용해야 하는 공간 등에 인테리어로 활용하면 냉방비를 절약할 수 있다.

특히 로열 블루를 침실에 쓰는 경우는 불면증이나 두통, 고혈압으로 고생할 때 좋으며 블루와 로열 블루로 커튼이나 블라인드, 이불, 카펫, 한쪽 벽면, 소품 등을 배색하면 좋겠다. 또한 블루는 먹는 상황에서는 거부감을 주어 식욕을 억제하는 데 도움을 주므로 부엌이나 식기를 푸른색으로 할 경우 다이어트에 도움을 줄 수 있다.

또한 제5차크라의 목과 관련된 블루 컬러는 말을 많이 하거나 목이 아플 때나 문제가 생겼을 때 도움을 받을 수 있으며 신경을 안정시켜 주는 효과나 열을 내려 주는 효과가 있다. 그래서 안정제나 수면제 등의 알약과 포장 색이 파란색이 많다. 블루는 레드와는 정반대로 호르몬의 활동을 감퇴시키거나 상처의 치료를 방해하는 효과가 있어 저혈압이나 우울감과 좌절감 등으로 힘들 때는 사용하지 않는 것이 좋겠다.

바이올렛은 제7차크라로 머리 꼭대기의 컬러로 두피나 머리와 관련된 질환에 효과적으로 작용하며 정신적 스트레스를 완화해 주는 효과가 있다. 또한 명상이나 수련이 더 잘될 수 있도록 자극하여 병원의 치료실이나 대기실, 회복실에 사용하면 좋겠다. 그러나 강한 바이올렛은 우울감을 더 깊게 할 수 있어서 신경 불안 증세가 있는 사람들은 가까이 하는 것은 좋지 않겠다. 라벤더 계열의 옅은 바이올렛은 여성적인 매력을 부각시키는데 유용하며 상대방에게 편안함을 주며 신비로움마저 느끼게 해 준다. 창의적인 영감을 필요로 하는 디자이너들이 사용해도 좋겠다.

● 핑크

핑크는 사랑을 불러오는 컬러로 우울한 마음에 위로를 준다. 여성성을 좀 더 대변한다고는 하지만 남녀 구분 없이 따뜻하고 포근한 감정을 일으킨다. 아이들의 방을 핑크색으로 하면 충분히 사랑받고 있다는 느낌을 받는다. 핑크는 공격성을 완화시키고 차분함을 유도하는 데 효과가 있다고 하여 실제로 스위스 취리히에 있는 '페피콘 교도소'의 수용자들의 방을 핑크색으로 칠하는 실험을 해 보았다. 이 교도소는 흉악범이 수감된 곳으로 악명 높은 곳인데 이들이 핑크 안에서는 공격성이 눈에 띄게 감소했다고 한다.

미국 워싱턴주 시애틀의 해군 교도소 역시 여러 가지 색으로 컬러의 심리적 특색을 실험을 했는데 마찬가지로 핑크가 가장 먼저 차분해지는 것을 알 수 있었다고 한다. 우리나라도 송파 경찰서의 유치장을 그린과 핑크를 활용해 놓았다고 하는데 화를 가라앉히고 난동을 부리는 횟수가 줄어들었다고 하니 잘 활용하면 좋은 결과를 얻을 수 있다.

핑크는 여성의 생식 영역과도 관련이 있는 색이기 때문에 임신을 원하는 여성이나 좀 더 여성스러움을 갖고 싶은 사람이라면 가까이 두는 것으로 도움을 받을 수 있겠다. 또한 내분비 기능을 활성화시켜 젊음을 유지하는 데 중요한 역할을 하여 스카프나 옷, 침구 등으로 활용하면 보다 젊어지고 아름다워질 수 있다. 반대로 짙은 색 옷을 많이 입게 되면 태양 광선을 모두 흡수해 몸 안에 전달되기 때문에 노화를 촉진하는 역할을 하게 되므로 주의해야 한다. 보호 본능을 유발하여 타인으로 하여금 무조건적인 사랑을 불러일으키는 핑크. 이 정도면 이성의 마음을 얻어야 하는 상황이라면 일 순위로 입어야 하는 옷 컬러가 아닐까 생각한다.

聽(청)
- 마음을 움직이는 주파수

모든 물체는 진동을 하고 물체마다 고유의 주파수를 가지고 있으며 이 고유의 주파수는 서로 밀어내기도 하고 끌어당기기도 한다. 이때 서로 끌어당기며 폭발적인 에너지를 내는 것이 공명이라고 이미 여러 번 언급했다. 공해에 그대로 노출되었던 물의 결정체와 사랑과 감사의 말 등의 기도를 하고 난 후의 물의 결정체의 모양을 알아보는 실험이 있다. 여기서 어떤 주파수에 의해 어떤 공명이 일어났는지의 놀라운 결과를 얻었다. 듣기 싫은 소리, 악한 감정이 들어 있는 말을 들은 물의 결정체는 모양이 들쭉날쭉하며 비정형화되어 좋지 않았다. 그러나 아름다운 말과 사랑이 담긴 말을 들은 물은 흡사 눈 결정체 같은 육각형이나 눈꽃 같은 모양으로 예쁘게 변했다.

우리 몸은 70%가 물로 이루어져 있다. 어떤 주파수를 몸이 받아들이는지에 따라 나쁘게 공명이 일어날 수도 있고 좋게 공명이 일어날 수도 있다. 공명에 의해 몸의 상태가 편안하며 안정된 상황이 되기 위한 힐링의 주파수가 있다. 내 몸에 유리한 주파수를 자주 접할수록 높은 진동을 유지할 수 있는데, 이때 내 몸은 사랑, 행복 등 긍정적인 감정 상태를 유지하고, 각종 질병에서 좀 더 자유로울 수 있다. 음계의 도, 레, 미, 파, 솔, 라, 시의 총 7가지의 주파수와 앞에서 언급한 우리 몸의 제1차크라부터 제7차크라까지와도 일치한다.

이 주파수는 피타고라스 수학적 방식을 적용히여 계산되었으며 황금 비율 주파수인 432Hz는 자연과 가장 일치하는 소리다. 우리가 숲속이나 바닷가를 거닐며 듣는 자연의 소리인 새소리, 바람 소리, 풀벌레 소리, 파도 소리 등을 들 수 있으며 명상에 사용되는 싱잉볼의 주파수도 이와 같아서 들을수록 편안하고 안정된 느낌을 준다. 19세기까지의 대부분의 음악인 바흐, 쇼팽, 모차르트의 음악들이 이 주파수를 많이 사용하여 태교 음악으로도 많이 듣는 이유이다.

396Hz는 제1차크라와 음계 '도'에 해당하며 붕 떠 있는 마음을 차분히 정착하도록 도움을 주며 죄책감이나 두려움 등 부정적 감정을 떨칠 수 있도록 해주고, 슬픔으로 가라앉은 마음을 다시 회복하여 스스로 일어설 수 있도록 도와준다.

417Hz는 제2차크라와 음계 '레'에 해당하며 잠재의식 깊숙이 박힌 트라우마 경험의 고통인 부정적 사고로부터 벗어나 근원적 자신의 모습으로 돌아가기 위한 긍정적인 변화를 촉진시키도록 돕는다.

528Hz는 제3차크라와 음계 '미'에 해당하며 지구 고유의 주파수로 기적의 주파수로 불린다. 우리 몸이 유해한 환경으로부터 변형되거나 손상된 DNA를 복구하고 창조적 사고를 일으키며 삶의 변화를 불러온다.

639Hz는 제4차크라와 음계 '파'에 해당되며 사랑의 주파수라 불리며 소통, 이해, 인내, 사랑을 원활하게 하여 타인과의 관계를 회복시킨다. 타인과의 말이 잘 통하지 않은가? 나 위주로만 생각되는 편협된 마음을 가지고 있는가? 누군가와의 관계가 원활하지 않다면 이 주파수에 귀를 기울여 보자.

741Hz는 제5차크라와 음계 '솔'에 해당되며 순수하고 안정된 삶으로 이

끌어 주며 내 몸 속 하나하나의 세포에 퍼져 있는 독(염증, 바이러스, 세균, 박테리아, 전자파)을 청소하고 해독하도록 돕는다.

852Hz는 제6차크라와 음계 '라'에 해당되며 문제를 제대로 보고 해석하여 지혜롭게 해결할 수 있도록 도우며 영혼을 깨워서 직관과 영혼의 균형을 이루도록 돕는다.

963Hz로 제7차크라와 음계 '시'에 해당되며 신의 주파수로 불린다. 영혼을 본래의 맑은 모습으로 회복시키고 신과 연결할 수 있도록 돕는다.

嗅(후)
- 향으로 느끼는 컬러

　부모나 자식, 반려자가 먼저 세상을 떠났을 때, 아니면 멀리 떨어져 있을 때 우리는 그의 옷 등을 통해 체취를 느끼면서 위로를 받는다. 태어나면서부터 코는 호흡을 하고 생을 마감하는 순간까지 절대 쉬는 시간 없이 자기 역할을 한다. 이때 후각세포들을 통해 냄새 분자를 받아들이는데 이 냄새 분자들은 코 안쪽 위에 있는 후각 세포 수백만 개가 이 냄새 분자들과 연결 고리를 형성하여 감각 세포로 전달된다. 여기에 후각 수용체가 후각 세포 수백만 개와 냄새 분자 하나씩 연결되어 우리가 인지하는 것이다. 우리의 대뇌 변연계는 감정과 성욕, 식욕, 기억, 학습 기능을 조절한다. 시각이나 청각 등의 감각은 시상이나 대뇌신피질을 거쳐 대뇌 변연계로 들어오는데 반해 후각은 바로 대내변연계로 받아들여 동물적인 본능 또는 감정을 뒤흔드는 힘이 가장 강하고 빠르다고 볼 수 있다. 향기의 자극이 뇌로 전달되는 시간이 0.2초도 채 안 된다고 하는데 통증이 전달되는 0.9초에 비하면 매우 빠른 속도라고 할 수 있다. 이러한 후각 신경 세포는 뇌의 언어를 분석할 때와 능력이 똑같아서 뇌에 들어오는 무분별적 자료의 정보를 일련의 과정을 통해 하나의 의미 있는 것으로 만들어내는 언어 분석의 고등 능력과도 같다. 이런 후각 기관이 다른 기관의 세포 수에 비해 많은데도 불구하고 우리는 후각을 너무 방치해 놓았다.

　우연히 맡은 향에 나도 모르게 끌린 적이 있는가? 어릴 적 가족과 같이 놀러 갔을 때 강하게 남아 있는 바닷가의 추억의 향, 시골집 아궁이에서 장작을 때던 그리움의 향, 엄마와 함께 만들던 쿠키의 향, 이렇게 향은 추억과 연결고리가 되어 우리의 정서와 함께한다.

모든 기관이 똑같겠지만 후각의 능력도 나이를 먹을수록 지하된다. 나이가 들어 시각이 나빠지면 수술을 하거나 돋보기를 사용한다. 청각은 보청기를 통해 도움을 받을 수 있다. 그러나 후각과 미각은 도움을 받을 수 있는 것이 없다. 이 둘은 서로 연결되어 후각이 약해지면 입맛도 잘 느끼지 못하면서 점점 식욕을 잃게 되어 삶의 의미조차 잃어버리게 된다. '늙으면 그렇다.'라는 비참한 말로 그냥 받아들이게끔 살아왔다. 남들의 눈에 쉽게 띄는 피부는 늙지 않게 보이도록 하는 많은 방법을 사용하고 있고 눈에도 좋은 약도 먹어 가면서 우리는 잘 늙어 가도록 노력하고 있는데 후각은 그런 방법이 없을까? 후각도 천천히 늙어 가는 방법이 있다. 후각 세포를 자꾸 깨어나도록 연습과 훈련을 하는 것이다. "나는 냄새를 잘 못 맡아."라고 하는 사람들이 있다. 사회적 관계가 약한 사람일 경우도 여기에 포함된다. 연구에 의하면 후각은 사회적 연결망이 많은 사람이 더 발달해 있으며 그렇지 않은 사람보다 더 오래 산다고 한다.

후각의 발달을 위한 연습은 천연 향을 활용하면 좋다. 꽃이나 과일 등도 좋겠다. 이렇게 향을 이용하여 후각을 발달시키면 후각 망울에서의 세포 활성화가 정서적 뇌의 활성화 상태가 되어 균형을 잡을 수 있도록 도와준다. 슬프거나 우울할 때는 이 후각 망울의 신경 세포 기능에 부분적 이상이 와서 활성화 상태가 제대로 작동하지 않는다. 따라서 후각 망울이 제대로 기능하게만 하면 슬픔과 우울을 완화할 수 있다는 것이다.

향을 통한 치유가 얼마나 큰 역할을 하는지 알 수 있게 히는 부분이다.

우울감을 완화하거나 개선해 주며 긴장과 활력을 줄 수 있는 향료는 라임, 베르가모트, 스피어민트, 라벤더, 네롤리, 제라늄, 클라리세이지, 시나몬, 카다멈, 베티버, 패출리, 로즈앱솔루트, 재스민 등이 있다.

정신을 고양시키며 머리를 맑게 하고 집중력을 올려 주거나 뇌를 자극하고 기억력을 증가시키는 등의 향료는 레몬, 라임, 그래이프푸룻, 바질, 유칼립투스, 티트리, 페퍼민트, 로즈마리, 팔마로사, 카다멈 등이 있다.

쿨링 효과와 리프레시에 도움을 주는 향료는 레몬, 라임, 베르가모트가 있고 불안하여 일이 손에 잘 잡히지 않거나 평상시 생활이 어려운 경우에는 라임, 네롤리, 팔마로사, 로즈우드, 베티버, 패출리, 시더우드, 프랑킨센스, 로즈앱솔루트가 있다.

현대 사회에 사람들이 가장 많이 힘들어하는 부분이 스트레스일 것이다. 이 스트레스에 좋은 향료는 그래이프푸룻, 스피아민트, 라벤더, 제라늄, 팔마로사, 베티버, 패출리, 시더우드, 프랑킨센스 등이 있다.

신경 쓰는 곳이 많고 항상 긴장을 하고 있어 신경의 부조화를 개선하기에 좋은 향료는 바질, 스피아민트, 로즈마리, 라벤더, 저먼캐모마일, 제라늄, 팔마로사, 클라리세이지, 카다멈, 사이프러스, 시더우드, 프랑킨센스, 로즈앱솔루트, 자스민, 일랑일랑 등이 있다.

40~50세에 즈음하여 갱년기가 오는데 호르몬의 불균형으로 인한 몸의 밸런스를 맞추는 데 도움을 주는 것은 제라늄, 자스민, 로즈가 있고, 불면증에 좋은 것은 오렌지, 라벤더, 저먼캐모마일, 네롤리, 베티버, 로즈앱솔루트 등이 있다. 특히 오렌지는 어린아이들 편안한 숙면을 위해 좋다. 가

습기에 한두 방울 넣어 사용하면 도움을 받을 수 있다.

천연 에센스는 종류가 매우 다양하나 위에 제시한 종류들은 색채 심리 조향에서 다루는 향료들로만 구성했다. 이 천연 에센스 오일의 재료별 주파수가 본인의 몸 상태와 공명히여 내 몸의 밸런스를 맞춰 줄 것이기 때문에 후각은 가장 빠르게 치유할 수 있는 중요한 기관이라 볼 수 있다.

味(미)
– 맛으로 느끼는 컬러

● 레드

레드의 피토케미컬 성분은 신체적으로는 혈액과 순환계에 관련되어 피를 맑게 하고 식욕을 돋우고 고혈압과 동맥 경화 성인병 예방에 효과가 있어서 감기에 걸리거나 쉽게 추위를 느끼는 사람에게 도움이 되는 색이며 차크라의 단전 아랫부분으로 몸을 움직이게 하는 힘의 원천으로 신진대사를 돕는다. 정신적 기능으로는 기분을 향상시켜 주며 열정을 되찾게 도와주고 삶에 대한 의지를 충만하게 하여 지치지 않게 한다. 여기에 흰색이 혼합된 핑크는 공격성을 완화시키며 부드러움과 편안함을 줄 수 있다.

대표적으로 추천하는 차는 히비스커스와 비트차, 오미자차가 있다. 이들은 아드레날린을 분비시켜 혈관 내 침전물과 나쁜 콜레스테롤을 제거하는 효능을 가지고 있고 생리불순이나 생리통의 증상을 개선하는 데 도움을 준다. 향과 맛에서 느껴지는 새콤함은 비타민으로, 꾸준한 섭취는 노화를 방지하고 면역력을 증가시켜 바이러스성 질환을 예방하는 데 도움을 준다. 또한 입맛을 돋우는 효과가 있어 식전 음료로도 좋다.

● 오렌지

오렌지는 신체적으로 식욕을 돋우고 소화를 촉진하며 임산부나 산모에게 도움을 주는 컬러이다. 임신부가 귤을 많이 먹거나 출산 후 늙은 호박을 달여 붓기를 빼 주며 오렌지 에너지를 공급하는 것은 단전을 튼튼하게 해 주는 것과 연관 있다. 또한 갑상선 기능을 자극하고 남녀 성호르몬의 균형을 맞춰 주며 불임에도 도움을 준다고 알려져 있다. 유해 산소를 제거시키며 식물성 생리 활성 물질인 베타카로틴이 다량 함유되어 있어 노화를 예방하고 항암 효과와 면역 체계 강화, 동맥 경화, 백내장, 야맹증 등에 효과적이다. 정신적으로 오렌지는 섬세하고 부드러운 에너지로 트라우마나 고통스러운 경험 등을 치료할 때 도움을 주는 색이며 갱년기의 우울증에도 치료 효과가 크다.

대표적으로 추천하는 차는 금잔화라고 불리며 황금빛에 가까운 메리골드차로 루테인의 함량이 높아 결명자차와 함께 눈 건강을 위해 많이 애용된다. 또한 스트레이트 홍차가 있다. 홍차는 다이어트에 도움을 주며 항균 효능이 있어 장에 탈이 자주 나는 사람에게 특히 좋다. 피부에 부착한 지질을 제거하는 데도 도움을 주기 때문에 홍차를 욕조에 넣어 목욕하면 몸에서 나는 냄새를 없애며 살균도 된다고 한다. 입 냄새가 심할 경우에도 홍차를 마시는 방법이 큰 효과를 볼 수 있다.

● 옐로

옐로는 신체적으로 소화계, 위, 피부 등과 관련되어 위액 분비를 자극하고 폐경기 문제에 도움이 되는 색이다. 또한 담즙의 분비를 촉진시켜 소화 기관에 도움을 주며 위염, 위궤양 등의 위 기능에 효과적이고 항염증 활성화로 피부 염증에 도움을 주며 매끄러운 피부를 만들어 준다. 또한 변비, 피부 발진, 류머티즘, 식욕 부진 등과 관련된 증상을 완화시키며 명치가 안 좋은 경우에도 도움을 준다. 정신적으로는 낮은 자존감을 높여 주고 즐거움을 주며 의기소침함과 우울증을 완화시켜 준다.

대표적으로 추천하는 차는 국화차, 목련차를 들 수 있다. 혹시 속이 안좋아서 끝까지 overeat을 하고도 더 나올 게 없을 때까지 구역질을 하다 보면 노란 물이 올라오는 것을 경험해 보았는가? 위액이다. 우리 몸의 위가 실제로 옐로를 띄고 있기 때문에 우리 몸의 제3차크라도 옐로 컬러다.

이렇게 노란색을 띠는 물질들이 소화력 증진에 도움을 주며 이뇨 작용과 해독 작용을 돕는다. 스트레스를 받으면 위가 경직되어 소화력이 떨어지는 것을 경험해 보았을 것이다. 이때 옐로는 재생 에너지를 담당하기 때문에 소화력을 다시 일으키는 데 큰 도움을 줄 수가 있다. 또한 스트레스로 오는 두통이나 불면증에도 탁월한 효과가 있다. 이 또한 꾸준히 마시면 감기에 효과적이고 노화를 억제하는 데 도움을 준다.

● 그린

그린은 신체적으로 흉선, 심장, 어깨와 가슴, 폐와 관련되어 있다. 고통과 긴장을 완화시키며 스트레스로 인한 가슴 답답함과 만성 피로에 효과적이다. 자연에서 온 대부분의 그린색 음식은 엽록소인 클로로필이 혈액의 성분인 헤모글로빈과 구조가 유사하여 조혈 작용과 세포 재생 능력이 뛰어나고 빈혈 예방과 신진대사를 도와 피로를 푸는 데 도움을 준다. 정신적으로는 뭔가를 하기 위해 결심을 하려고 할 때 올바른 결정을 내릴 수 있도록 도움을 준다.

대표적으로 추천할 수 있는 차는 녹차와 재스민 차다. 재스민이라는 이름이 신의 선물이라는 뜻을 가진 것처럼, 오래전부터 다양한 질병을 치료하는 약재와 차로 사용되어 왔고 지방분해와 진정 효과, 스트레스 해소, 심신 이완, 심혈관 문제 예방, 항산화 항염, 정신을 맑게 하고 집중력을 높여 주는 등의 효능으로 탁월한 테라피로 사용되고 있다.

● 블루

블루는 신체적으로 갑상선과 부갑상선의 분비 기관에 관계되며 이가 나는 것, 귀, 인후, 말하는 문제 등과 같은 아이들이 겪는 질병 치료와 연관된다. 우리 몸의 제5차크라로 목 부분에 해당하는 블루는 냉각과 수축에너지다. 식욕을 억제하는 효과가 크기 때문에 다이어트와 관련이 있다. 정신적으로는 혈압을 내려주이 호흡수나 근육 긴장을 감소시키는 진정 작용을 하여 평안함을 주고 두려운 마음을 가라앉혀 주며 말하는 것에 문제가 있을 때 효과적이며 신경 계통의 홍분을 가라앉혀서 불면증에도 좋다.

대표적으로 추천할 수 있는 차는 도라지꽃 차, 팬지꽃, 블루멜로우(당아욱꽃차)가 있다. 블루멜로우 차는 알칼리수의 찬물 생수로 차를 우려내야지 파란색 차를 만들 수 있다. 중성수로 만들 경우는 보라색이 되고 여기에 레몬즙 1~2방울을 넣게 되면 분홍색 차로 마실 수 있다. 차 맛을 제대로 즐기려면 50~60도의 미지근한 물로 우려내야 좋다. 도라지꽃 차의 효능은 폐 질환이나 편도선 염증, 혈당을 내려주고 가래, 코 막힘, 비염에 좋다. 강의를 많이 하는 사람이나 목이나 코감기에 걸렸을 때 예전 부모님이나 할머니께서 도라지 달인 물이라고 주신 것을 억지로 마셔 본 경험들이 있는가? 그랬다면 제대로 마신 거다.

● 로열 블루

로열 블루는 신체적으로 척추, 뇌하수체의 기관과 관련 있고 고혈압을 낮추는 데 일조하며, 특히 갑상선 기능 항진증 치료에 뛰어나다. 불면증을 해소하는 데 탁월한 효과가 있으며 편두통 해소와 약물이나 알코올 등의 남용으로 불안증을 가지고 있는 사람들을 안정시키는 효과가 있다. 정신적으로는 마음의 안정을 찾아 닫혔던 마음의 문을 열게 하는 데 도움을 주고 신적인 영역에 다가갈 수 있는 준비를 하도록 만들어 준다. 또한 얘기하지 못한 진실을 찾게 하는 열정과 보이지 않는 너머에 있는 존재를 감지할 수 있게 하며 그 깊이도 느낄 수 있게 한다.

대표적으로 추천하는 차는 비단향꽃무꽃차(스토크꽃)로 신경 안정에는 뛰어난 효과가 있지만 이 차는 마실 때보다는 차의 색을 감상하며 힐링하는 것만으로도 그 효능을 다 했다고 할 수 있을 정도다.

● 바이올렛

바이올렛은 신체적으로는 두피 관련 질환, 대상포진, 뇌진탕 등의 질환에 효과적이며 정신 질환 증상을 완화시킨다. 바이올렛은 레드와 블루가 합쳐진 색이므로 레드의 효능과 블루의 효능을 다 가지고 있다고 보아도 좋다. 불면증을 완화시켜 주며 스트레스를 받을 때 심신 안정에 도움을 주고 여성의 생리 불순에도 효과가 있고 살균과 소독의 효과로 몸의 독소 배출에도 도움이 된다. 정신적으로는 더 높은 의식 수준으로 연결해 주는 가교 역할을 하여 신과 소통을 쉽게 해 주기도 하나 이렇게 정신적으로 깊은 에너지는 어린아이들에게 장시간 노출되는 것은 삼간다. 그러나 수준 높은 사람들이 추구하며 공익을 위해 자신을 희생할 줄 아는 리더십을 기르는 데 도움이 되므로 적절한 활용은 좋다.

대표적으로 추천할 수 있는 차는 라벤더 차, 적양배추 잎차가 있다. 라벤더는 향기로도 그 효능이 다양하나 사의 효능을 보자면 세포 재생 효과가 뛰어나서 각종 피부 트러블이나 상처를 빠르게 회복하게 해 주며 두피 건강 개선에도 탁월하여 스트레스성 원형 탈모 등의 예방에 많이 사용된다. 활성산소를 제거해 주어 피부 노화 방지에도 도움이 된다. 라벤더를 천연 진통제로 부를 만큼 진통 증상 완화 개선에 도움이 된다.

책을 마무리했다는 기쁨도 있지만 여러 사람에게 일회성 강의 등으로 다 전할 수 없는 컬러의 모든 것을 체계적으로 정리하여 전하게 됐다는 뿌듯함이 더 큽니다. 컬러의 무지에서 깨어나 신세계를 경험했듯이 마음이 힘든 사람, 자녀와의 갈등을 겪고 있는 사람, 타인과의 관계에 지친 사람, 등등 모두 이 책을 읽기 전보다 읽은 후의 삶이 달라졌으면 좋겠습니다.

이제 밖으로 나가서 내리쬐는 햇볕을 받아 보세요. 따스한 빛이, 아니면 뜨거운 빛이 예전과는 다른 의미로 다가올 것입니다. 나의 온몸으로 컬러를 받아들여 보세요. 그 빛줄기 하나하나가 상처 난 내 몸을, 내 마음을 어루만져 줄 것입니다.

　지금 열심히 하고 싶은데 힘에 부치나요? 연인과의 사랑의 힘이 모자란 가요? 울산 대공원 장미축제에 넓게 펼쳐진 봄날의 장미의 향을 맡아 보세요. 이 붉은색이 사랑하는 이와는 사랑을, 힘을 내고 싶은 그대들에게 는 에너지를 줄 수 있을 것입니다.

　잘해 내고 싶은 마음이 크나 현재의 내가 한없이 작아 보이나요? 그렇다면 노란색 기운을 받아 보세요. 대구 근교 하양 대부 잠수교 정원에 어느 여름 뜨거운 햇살을 받으며 고개 들고 있는 노란색 해바라기가 그대에게 용기를 줄 것입니다.

　내 마음과 같지 않아 소통이 제대로 되지 않나요? 그럴 땐 숨 한 번 크게 쉬고 고개 들어 하늘을 보세요. 파란 하늘이 그대에게 말해 줄 것입니다. '너의 옆에 아무도 보이지 않을 땐 나에게 얘기를 해 봐. 내가 다 들어 줄게.' 그대의 마음을 나눌 수 있는 친구가 되어 줄 것입니다.

　　어릴 때 받은 마음의 상처가 마치 벽장 속 아무도 보지 말았으면 하는 숨겨진 물건처럼, 이제는 그 물건이 있는지조차도 잊고 있는, 응어리져 굳어 버린 내 마음의 상처를 회복하고 싶지 않나요? 울산 태화강 국가 정원 5월의 양귀비 꽃밭입니다. 주황색이 내미는 손을 잡아 보세요.

컬러 심리

　'No'라고 하고 싶어도 'Yes'로 살아왔나요? 하고 싶은 말 너무 많지만 나 하나 희생하면 되지 싶어 아직도 참고 사나요? 마음이 힘들 때 주위를 둘러보세요. 초록색이 그대를 품어 줄 것입니다. 초록에너지는 그대에게 인공호흡기와도 같으니 마음이 답답할수록 더 가까이하세요.

잠을 푹 잘 수 없나요? 한없이 깊게 빠지게 하는 에너지를 지닌 로열 블루로 침구를 준비해 보세요. 계속 뒤척이는 그대를 좀 더 편안하게 해 줄 수 있을 것입니다.

컬러 심리

　일상이 우울한가요? 누군가 이 힘든 삶에서 건져 내 줬으면 좋겠다는 생각이 드나요? 이별을 경험하고 있나요? 보라색이 끌리는 당신, 한여름 전북 정읍 허브원의 라벤더 축제에 가 보세요. 끝없이 펼쳐진 보라색 꽃밭이 힘든 일상을 견뎌 내며 치유할 수 있는 힘을 줄 것입니다.

에필로그

　지금 사랑하고 있나요? 합천 황강 나룻길 수변공원 핑크 뮬리에 젖어
보세요. 넓게 펼쳐진 핑크의 에너지가 서로의 사랑을 더 단단하게 잡아
줄 것입니다. 더 예뻐 보이고 더 사랑스러워 보이고 싶다면 핑크로 물든
가을 한 자락을 놓치지 말길 바랍니다.

우리는 모두 각자의 향기가 있고 저마다 나고난 컬러가 있습니다. 그러나 부모의 양육 형태나 환경에 의해 다른 컬러로 살고 있을 수도 있고 자신의 컬러대로 잘 살고 있을 수도 있습니다. 여러분은 돌아보면 어떤가요? 자신의 컬러대로 잘 살아온 것 같은가요? 흔히 얘기하는 어른들은 "누가 자기 하고 싶은 대로 다 하면서 살 수 있나? 그냥 맞춰 사는 거지."라고 하는 얘기를 들어 보셨을 겁니다. 저는 오히려 다시 반문하고 싶습니다. "그래서 당신은 행복하셨나요?" 행복은 멀리 있지 않습니다. 물 흐르듯 자연의 이치에 따르며 자신의 컬러대로 살아가는 것입니다. 인생에 항상 따스한 햇빛과 부드러운 바람만이 있는 것은 아닙니다. 사나운 눈과 태풍에 몸을 웅크리거나 상해를 입을 때도 있지만 우리는 다시 맞이할 따스한 햇살을 기대하며 정비하고 마음을 추스르곤 합니다. 곧 태양은 다시 떠오르니까요. 여러분, 힘이 들 땐 억지로 견디지 마세요. 큰 병으로 키우지 마세요. 그때마다 아픈 마음 치유하며 살 수 있도록 하세요. 마음이 힘들 때 공명되는 유독 끌리는 컬러가 있을 겁니다. 자신에게 맞는 컬러의 치유 방법을 사용해 보세요. 그러기 위해 컬러에 몸을 맡겨 보세요. 그 컬러가 당신을 품어 줄 것입니다. 컬러와 함께하는 여러분 모두 행복하시길 바랍니다.

컬러 심리

내가 가진 컬러, 내가 끌린 컬러

ⓒ 이숙경, 2023

초판 1쇄 발행 2023년 7월 7일
　　2쇄 발행 2023년 8월 17일

지은이　　이숙경
펴낸이　　이기봉
편집　　　좋은땅 편집팀
펴낸곳　　도서출판 좋은땅
주소　　　서울특별시 마포구 양화로12길 26 지월드빌딩 (서교동 395-7)
전화　　　02)374-8616~7
팩스　　　02)374-8614
이메일　　gworldbook@naver.com
홈페이지　www.g-world.co.kr

ISBN　979-11-388-2067-7 (03180)